艺术类高校教育管理的
现状与对策研究

胡　楠　著

中国青年出版社

图书在版编目(CIP)数据

艺术类高校教育管理的现状与对策研究/胡楠著.
北京:中国青年出版社,2024.11. --ISBN 978-7
-5153-7578-6

Ⅰ.G640

中国国家版本馆 CIP 数据核字第 2024FA9864 号

艺术类高校教育管理的现状与对策研究

作　　者:胡　楠
责任编辑:刘　霜　罗　静　邵明田
出版发行:中国青年出版社
社　　址:北京市东城区东四十二条 21 号
网　　址:www.cyp.com.cn
编辑中心:010－57350508
营销中心:010－57350370
经　　销:新华书店
印　　刷:北京联兴盛业印刷股份有限公司
规　　格:710mm×1000mm　1/16
印　　张:10
字　　数:138 千字
版　　次:2024 年 11 月北京第 1 版
印　　次:2024 年 11 月北京第 1 次印刷
定　　价:68.00 元
如有印装质量问题,请凭购书发票与质检部联系调换
联系电话:010－57350337

前　言

　　艺术类高校教育是我国高等教育事业的重要组成部分,肩负着传承艺术和推动精神文明建设的重要职责,而艺术类高校教育管理工作将直接影响其教育能力和教育水平。艺术类专业的学生在思想意识、行为方式等方面都具有一定的特殊性,这也决定了高校在管理艺术类专业的学生时具有复杂性与特殊性的特点。

　　本书针对当前我国艺术类高校管理的现状,首先对高校教育管理和艺术教育进行了概述,然后对教育管理体制和现状进行研究与分析,并结合相关的理论探索高校教育管理创新的路径,希望能够对艺术类高校的整体发展和教育改革起到推动和引领的作用。

　　本书旨在为艺术类高校教育工作者提供帮助,由于笔者水平有限,书中难免有错漏之处,还请各位读者在阅读之后提出宝贵的建议,以便本书的修改和完善。

目　录

第一章　高校教育管理概述

第一节　高校教育管理的理论与组织结构

一、高校教育管理的理论

(一)理论发展

高校教育管理一开始受行政管理学的影响,偏重组织和运作的规范化。然而,随着高校教育的改革和发展,以及社会环境的变化,传统的行政管理理论逐渐暴露出其不足之处。一些学者开始倡导发展现代教育管理理论,以提升高校教育管理的效能。现代教育管理理论的核心是人本主义和科学管理原理的结合,人本主义强调尊重个体和发展其潜能,科学管理原理则强调有序的组织和有效的运作。

在理论发展中,一些重要的概念和理论模型被提出。例如,赫茨伯格的双因素理论强调了激励因素和满意因素对教育管理的影响,奥斯汀教育管理模型强调了高校教育管理的专业化和科学化。

随着现代教育管理理论的影响日益加深,高校教育管理开始重视教学质量的提升、学生发展的跟踪和支持等方面,理论的应用也得到了广泛的推广和实践。

在高校中,理论的应用不仅仅发生在教育管理的层面上,也涉及教学、学生服务等多个方面。例如,在教学方面,理论的应用可以帮助教师更好地进行教学设计、组织和评估。在学生服务方面,理论的应用可以帮助学校更好地了解学生需求、提供个性化的支持。

理论发展和应用在高校教育管理领域中是不可或缺的一部分。通过研究和探索,教育管理者可以更好地把握高校教育管理的本质,并为提升管理效能提供理论指导和实践经验。同时,将理论应用于高校的各个实际问题中,可以加速高校教育管理的现代化和科学化进程。

综上所述,理论发展是高校教育管理的重要组成部分。通过研究和实践,可以不断完善和提升高校教育管理的理论体系,为高校教育管理的发展提供有力支撑。同时,将理论应用到实际问题中,可以更好地促进高校教育管理的发展和创新。

(二)现代教育管理理论

在现代高校教育管理中,人类经验和社会文化的发展催生了一系列理论,旨在提高教育管理的效能。现代教育管理理论具有多样性和综合性的特点,并逐渐形成了一套可以适应高校教育管理需求的理论框架。

1. 强调系统思维

这一理论认为高校教育管理是一个复杂的系统,包括教育目标、组织结构、人员配置等方面的要素,以及它们之间的相互作用。通过系统思维,管理者能够全面了解和把握高校教育管理中各种关联因素之间的相互作用,从而更好地制定和实施管理策略。

2. 注重学习型组织的构建

学习型组织理论认为,高校应该建立一个教师和管理者可以在此之中不断学习和成长的组织。这种组织文化的培育,有助于提高教师和管理者的专业素养,并且能够激发他们的创新能力和团队合作精神。通过建设学习型组织,高校教育管理能够不断适应社会变革的需求,实现可持续发展。

3. 强调关注学生个体差异

个体差异理论认为,每个学生都有自己独特的能力、兴趣和学习方式。因此,高校教育管理者应该以学生为中心,关注并满足每个学生的个性化需求。对于个体差异的重视有助于提升高校教育的质量和效果,并促进学生的全面发展。

4.强调数据驱动决策

数据驱动决策理论认为,决策应该依据科学的数据和信息,而不是主观臆断。高校管理者应该通过收集、分析和运用数据,以科学的方式做出决策和制定策略。数据的使用能够提高管理的透明度和准确性,使管理者做出明智的决策。

综上所述,现代教育管理理论在高校教育管理中的应用是多方面的。通过系统思维、学习型组织、个体差异和数据驱动决策的理论框架,高校教育管理者能够更好地应对教育管理的挑战,提高管理效能,推动高校教育的发展。这些理论的运用将为高校教育管理带来新的思路和方法,为高等教育事业的可持续发展做出积极贡献。

(三)管理理论在高校的应用

随着高校的不断发展和变革,越来越多的教育管理理论被提出并应用于高校管理实践中。这些理论为高校提供了指导和支持,帮助高校管理者更好地应对各种挑战和问题。

1.能够为高校教育管理提供理论基础和理论指导

通过研究和运用教育管理理论,高校管理者可以更加全面地认识和把握高校教育管理的规律和特点。比如,教育管理理论可以帮助高校管理者了解高校的组织结构、决策制定、资源配置等方面的基本原理和方法。这样,高校管理者在实际工作中就能更加科学地制定管理策略并采取相应措施,从而提高高校教育管理的水平。

2.能够促进高校教育管理的创新和改革

高校教育管理是一个复杂而动态的过程,需要不断地适应社会的发展和教育需求的变化。教育管理理论的应用能够为高校管理者提供思路和方法,帮助他们进行教育管理模式的创新和改革。比如,以学生为中心的管理理论能够引导高校管理者关注学生的需求和发展,推动高校从传统的以教师为中心向以学生为中心的转变。这样,高校教育管理就能更加贴近实际需求,更加有效地促进学生的全面发展。

3.能够提升高校教育管理的科学性和系统性

教育管理理论的应用能够帮助高校管理者更好地分析和解决问题，促进高校教育管理的全面发展。比如，系统理论可以帮助高校管理者认识到高校教育管理的系统性和关联性，从而更好地协调各个教育管理要素之间的关系，推动高校教育管理系统的健康运行。同时，科学管理理论的应用能够促使高校管理者依据科学的原则和方法进行管理决策，提高决策的科学性和准确性。

综上所述，理论在高校的应用是高校教育管理的重要支撑和推动力量。它不仅为高校管理者提供了理论支持和指导，促进了高校教育管理的创新和改革，还提升了高校教育管理的科学性和系统性。因此，在实际工作中应该重视教育管理理论，并将其应用于高校教育管理的各个方面，从而推动高校教育管理的持续发展和进步。

二、高校教育管理的组织结构

在高校教育管理的组织结构中，各个职能部门和机构相互协作，形成了一个有机的整合体。这种组织结构的设计旨在实现各项教育管理活动的协调与高效，从而有效推动教育事业的发展。

高校教育管理的组织结构一般由几个重要部门组成，其中教务处、学生工作处、科研处、后勤处等是高校教育管理的重要职能部门。教务处负责教学计划的制订、课程安排和学生的管理；学生工作处负责学生的管理和服务工作；科研处负责科研项目的申报和管理；后勤处负责校园设施的维护和后勤服务的提供。高校教育管理的组织结构还包括各个学院、系部和教研室等单位。学院是高校教学和科研的基本单位，各个学院负责本学科方向的教学工作和学术研究。在学院之下是系部，系部负责具体的专业教学和学生管理。而教研室作为学术研究的基本单位，负责科研项目的开展和学术成果的推广。

另外，高校教育管理的组织结构还包括教师和学生组织。教师是教育管理中的重要角色，他们承担着教学任务、科研项目和学生指导等工作。学生组织在高校教育管理中也扮演着重要的角色,主要负责学生活动的组织和服务,同时是学生与高校管理层之间的桥梁。

总的来说,高校教育管理的组织结构是一个庞大而复杂的体系,它旨在保证各项教育管理工作的顺利进行和高效运行。各个部门和单位之间相互配合,形成了一个相互补充的体系,在推动高校教育事业的发展和实现教育目标方面起到了关键作用。因此在实践中,高校教育管理者要结合具体情况,科学合理地设计和调整组织结构,以适应教育发展的需求和变化。只有在良好的组织结构下,才能更好地开展高校教育管理的各项工作,为培养优秀人才和实现高等教育的社会效益做出积极贡献。

第二节　高校教育管理的内涵与特点

一、高校教育管理的内涵和本质

(一)高校教育管理的内涵

高校教育管理作为高校教育的重要组成部分,在实践中体现出多个方面的内涵。首先,高校教育管理涵盖学校各个层面的规划、组织、协调和监督等方面的工作,包括对师资队伍、学生、课程以及教学环境的管理等。其次,高校教育管理包括对学校教育目标的制定和实施。学校教育的目标是培养学生的综合素质和能力,这就要求教育管理者对教学内容、教学方法及评价体系等进行合理的安排和落实。最后,高校教育管理还涉及学校资源的合理配置和利用。高校拥有丰富的人力、物力和财力资源,如何进行科学的配置和有效的利用,对于高校教育管理来说是至关重要的。

在高校教育管理的内涵中,还体现出对高等教育发展方向和趋势的关注。高校教育管理需要紧密结合当下的社会需求和未来的发展趋势,对教育内容、教学方法、教育评价和学生发展路径等进行科学的研究和规划。同时,高校教育管理还应该与国家的相关政策和法律法规相结合,确保高等教育的合规运行和发展。高校教育管理的内涵还包括对学校组织文化的塑造和传承,其对于塑造学校的核心价值观、培养学生的品德修养,以及促进教职员工的发展至关重要。高校教育管理需要通过相关策略和措施,在学校营造出积极向上的文化氛围。

综上所述,高校教育管理的内涵是多层次、多维度的,它包括对学校各方面的管理和规划,对教育目标的制定和实施,对资源的合理配置和利用,以及对教育发展趋势和学校文化的关注。高校教育管理需要在学术研究、政策制定和组织实施等方面进行持续的探索和创新,以适应不断变化的高等教育环境和社会需求。只有加强教育管理的研究和实践,才能不断提升高等教育质量,推动学校和学生的全面发展。

(二)高校教育管理的本质

高校教育管理是高校教育的重要组成部分,其本质是实现高校教育目标和使命。高校教育管理的本质可以从多个角度来探索和理解。

1.协调和发展

高校教育是一个复杂的系统,涉及教学、科研、人才培养、资源配置等多个方面。高校教育管理就是通过协调各个部门和职能之间的关系,使教育工作能够有序进行,协调各方力量,实现高校整体的发展目标。

2.规划和决策

高校教育管理需要根据高校的发展方向和目标制定相应的规划和策略,并且进行决策和实施。在规划和决策的过程中,教育管理者需要考虑到多种因素,包括教育政策、社会需求、教育资源等,以找到高校教育的最优解。

3.监督和评估

教育管理者需要对教育工作进行监督和评估,以确保教育工作的质量和效果。监督和评估可以通过定期的评估机制、学生评教、教学观摩等方式进行,从而推动教育工作的不断改进和提高。

4.创新和变革

随着时代的变化和社会的发展,高校教育管理也需要不断创新和变革,以适应新的需求和挑战。教育管理者需要具备创新思维和变革意识,积极探索新的管理模式和方法,推动高校教育管理的现代化。

综上所述,高校教育管理的本质包括协调和发展、规划和决策、监督和评估以及创新和变革。通过深入理解教育管理的本质,教育管理者能够更好地把握教育管理的核心要义,以实现高校教育发展的目标和使命。

(三)内涵与本质的关联

在高校教育管理领域,内涵和本质密切相关并相互影响。教育管理的内涵是指其内容和要素,包括管理理念、管理方法、管理制度等。教育管理的本质则是指其根本属性和特征,是衡量教育管理有效性的关键。

首先,内涵和本质的关联在于内涵是本质的具体表现。教育管理的本质是实现教育目标的有效组织和管理,而内涵则是具体的管理实践和手段。举例来说,高校教育管理的本质是促进教育质量的提高和学生的全面发展,而内涵则包括制定学生考核制度、提供师资培训等管理措施。因此,只有理解和运用内涵,才能更好地实现教育管理的本质目标。

其次,内涵和本质的关联体现在内涵对本质的塑造和发展。教育管理的内涵是不断演化和发展的,它受教育环境和需求的影响;教育管理的本质也随着内涵的拓展而不断完善和深化。例如,在社会经济迅速发展的背景下,高校教育管理的内涵需要更加关注就业导向和创新能力培养,而教育管理的本质也随之从以往的知识传授转变为培养学生的实践能力和创新精神。

最后,内涵和本质的关联还在于内涵是实现本质的途径和手段。教育管理的本质目标需要通过恰当的内涵来实现,在高校教育管理中,提高教师的教学质量是本质目标之一。而内涵则是通过教师培训、教学评估等手段来实现,只有通过正确的内涵规划和实施,才能更好地达成教育管理的本质目标。

综上所述,高校教育管理的内涵与本质密切关联,相互影响。内涵是本质的具体表现,内涵的发展和拓展也能塑造和完善本质目标。同时,内涵作为实现本质目标的途径和手段,对于教育管理的有效性至关重要。

因此,在高校教育管理的实践中,需要注重内涵和本质的关联,合理选择内涵并不断完善,以实现高校教育管理的目标与使命。

(四)内涵与本质在高校的体现

在高校教育管理中,内涵与本质是密不可分的。内涵是指教育管理的内在含义和特点,本质是指教育管理的核心属性和本质属性。在高校教育管理中,内涵与本质的关联体现在不同方面。

首先,高校教育管理的内涵与本质是为实现教育目标而服务的。高校教育管理的目标是培养人才,提供优质的教育资源,为学生的全面发展创造有利条件。因此,内涵与本质就是为了达到这一目标而制定的管理原则和方法。在高校教育管理中,内涵与本质的关联体现在制定教育管理政策和规划方案时,以及在教育教学过程中的组织和实施。

其次,高校教育管理的内涵与本质是为提升教育质量而服务的。高校教育的质量是评价绩效的重要标准,而教育管理在提升教育质量中起到关键作用。内涵与本质是为了保证高校教育质量而存在的,包括教学设计与实施、教师管理与发展、学生管理与服务等方面。内涵与本质的关联体现在高校教育管理的各个环节,如制订课程方案时要考虑到教育教学目标的实现,教师培训与评估时要注重教学质量的提高等。

再次,高校教育管理的内涵与本质是为保障组织结构和运行效率而服务的。高校作为复杂的组织机构,需要合理的组织架构和高效的运作机制。内涵与本质体现在高校教育管理的组织架构和管理体系的建设,以及流程优化和管理创新的实施中。内涵与本质的关联体现在职能部门间的协调与合作,以及各层次管理者在管理实践中的能力与素养的提升。

最后,高校教育管理的内涵与本质还包括了高校的特点和特色。高校作为培养人才的机构,其管理必须考虑到高校的学科特点、人才培养模式及教育资源的配置等方面,必须根据高校实际情况设计相应的管理策略和方法,灵活应对高校教育管理中的具体问题和挑战。

综上所述,内涵与本质在高校教育管理中的体现是多维度、多层次的,涉及教育目标的实现、教育质量的提升、组织结构与运行效率的保障以及高校的特点和特色。高校教育管理者应充分认识内涵与本质的关联,并针对实际情况制定合理的管理策略,以推动高校教育管理的不断发展和提高。

二、高校教育管理的特点

高校教育管理作为一项复杂而关键的任务,具有多个突出的特点。

1.高度的专业性和复杂性

随着高校规模的不断扩大和学科领域的不断深化,高校教育管理所需的专业知识和技能也越发复杂多样。教育管理者必须具备教育和管理方面的专业知识,同时还要具备很强的组织和领导能力,才能有效管理教育资源和促进高校发展。

2.具有明确的目标导向

高校教育管理旨在提高学生全面的学术素养、发展个人能力及培养创新精神。同时,高校教育管理还注重学生社会责任和价值观的培养,使其为社会进步和发展做出贡献。因此,高校教育管理需要明确和坚持正确的教育理念和价值观,以引导教育活动的发展方向。

3.具有灵活性和适应性

高校作为知识创新和传播的中心,其发展和变革进展迅速,教育管理也面临着多变的环境和需求。因此,高校教育管理必须具备灵活性,根据内外部环境变化及时调整管理策略和措施。教育管理者需要保持学习和创新的态度,从而应对新的挑战和机遇。

4.注重合作与协调

高校教育涉及的人员包括学生、教师、行政人员、校友等。为了实现教育管理目标,必须形成利益共享和协同育人的合力。高校教育管理需要加强学院、专业、学科之间的协调与配合,也需要与社会各界进行紧密的合作与交流,共同推动高校教育的发展和进步。

综上所述,高校教育管理具有专业性、目标导向性、灵活性和合作性等特点。在日常实践中,教育管理者需要具备相关的专业知识和技能,坚持正确的教育理念,灵活应对变化,加强合作与协调,以推动高校教育的发展和提高教育质量。只有不断适应和回应教育发展的需求,高校教育管理才能更好地发挥作用,为培养世界一流人才做出更大贡献。

第三节　高校教育管理的目标与原则

一、高校教育管理的目标

(一)教育质量的提高

教育质量的提高是高校教育管理的核心目标之一。为了实现这一目标,教育管理者必须提高教学质量和学生学习成效。首先,在教育质量方面,教育管理者应不断完善教学内容和方法,确保教师教学水平达到一定的要求。这涉及招聘高水平教师,建立专业化的培训体系,注重课程建设和教学评估等方面的工作。其次,教育管理者应关注学生的学习体验和学习成果,为学生提供良好的学习环境和资源支持。这包括提供多样化的学习活动和机会,鼓励学生参与实践和研究,以培养学生的创新能力和实际操作能力。

在教育质量提高的过程中,教育管理者还应关注教学质量的评估和监控。通过建立科学的教评体系,对教学过程和效果进行评价,及时发现问题并采取相应的改进措施。同时,教育管理者应了解学生、教师对教学资源的使用情况,通过数据分析和调查研究,为决策提供科学依据。教学质量的提高需要全体教育管理者的共同努力,需要建立起学校和教师之间的密切合作和沟通机制,形成共同的教育价值观和管理理念。

总之,提高教育质量是高校教育管理的重要目标之一。在实现这一目标的过程中,教育管理者应注重教学内容和方法的不断完善,关注学生的学习体验和学习成果,并建立起科学的教评体系和有效的信息沟通机制。通过这些努力,高校教育质量将不断提高,可以为学生提供更好的教育服务,为社会培养更多高素质的人才。

(二)教育效率的提升

在高校教育管理中,提升教育效率是一个至关重要的目标。教育效率的提升意味着在有限的资源下,实现更好的教学成果和效益。为了达到这个目标,高校需要通过一系列措施和策略来优化管理和运营方式。

首先,高校可以采取改进课程设计的方式来提高教育效率。通过深入剖析课程内容,合理设计课程结构和教学方式,可以有效提升学生的学习效率。例如,可以采用项目驱动的教学模式,通过组织学生参与实际项目、解决实际问题,培养学生的实践能力和创新思维,从而提高教学效果。此外,引入信息化技术也是提高教育效率的关键举措之一。通过使用线上学习平台、虚拟实验室等资源,可以提供更加灵活和便利的学习环境,帮助学生更好地进行自主学习和合作学习,以达到更高的学习效率。

其次,高校可以通过优化教师资源的配置来提高教育效率。教师是高校教育教学的核心力量,他们的专业素养和教学水平会直接影响学生的学习效果。因此,高校需要建立起有效的教师培养和评价体系,提供良好的职业发展机制,激励教师积极投入教学。此外,高校还可以通过对教师团队的机制建设来提高教育效率。通过建立和完善教师团队的协作机制,教师可以相互借鉴和学习,共同研究和解决教学中的问题。

最后,高校需要加强对教育资源的合理配置和管理,以提高教育效率。教育资源包括师资、教室、设备、网络等方面的资源,高校可以通过科学的资源管理,使教育资源得到更加充分和有效的利用。例如,采取灵活排课的方式,合理利用教室资源,最大限度地满足学生的学习需求。同时,高校还可以通过与企业合作,共享设备和实践资源,为学生提供更加实用和有效的学习环境。

综上所述,在高校教育管理中提升教育效率是一个重要目标。通过改进课程设计、优化教师资源配置和合理管理教育资源,可以有效提高教育效率。高校应该不断完善管理策略和机制,不断提升教育质量和教育效益,以适应不断变化的时代需求。

(三)教育公平的实现

教育公平是高校教育管理中至关重要的目标,公平的教育机会和资源分配是实现社会公正的关键要素之一。为了促进教育公平的实现,高校教育管理需要采取一系列的措施,并在各个方面不断地进行改革和创新。

1. 提供平等的学习机会

这不仅包括提供良好的学习环境和设施,还包括关注学生的个性化需求和差异化发展。例如,学校可以制定政策,确保每个学生都能获得适应其学习节奏和兴趣的教育资源。

2. 确保公平的招生选拔机制

招生制度要建立在公正、透明的基础上,避免任何形式的歧视和偏见。招生考试应综合评价学生的综合素质和潜力,而不仅仅依赖单一的分数标准。此外,针对来自农村地区、经济相对困难家庭和少数民族等的学生,还需要制定一些特殊政策,帮助他们获得公平的入学机会。

3. 加强对教育公平的监测与评估

通过建立科学的监测与评估体系,可以及时发现和解决存在的公平问题,并及时调整和改进高校教育管理的政策和措施。只有不断优化高校教育管理机制,才能更好地实现教育公平的目标。

综上所述,高校教育管理实现公平是建设现代化、高质量高校的必然要求。通过提供平等的学习机会、公正的招生选拔、均衡的教育资源配置以及科学的监测与评估,可以逐步实现教育公平,提升高校教育管理的水平,为社会培养更多人才,推动社会的可持续发展。

二、高校教育管理的原则

(一)质量导向原则

1. 质量导向原则的定义及意义

质量导向原则是高校教育管理中的重要理念。它强调将质量作为管理工作的核心目标和准则,以确保高校教育真正实现优质发展。在高校教育管理中,质量导向原则的应用是十分必要的。

首先,质量导向原则强调质量的重要性。在高校教育中,质量是核心竞争力,也是社会认可和评价的重要标准。质量导向原则要求教育管理者要始终将质量置于首位,从各个环节和细节上提升教育的质量水平,以满足学生和社会的需求。

其次,质量导向原则注重科学的管理决策。高校教育管理需要科学的数据和信息支撑,以便做出准确的决策。质量导向原则要求教育管理者通过科学的手段和方法,收集、分析和运用相关数据,以便更好地制定教育管理的策略和措施,提升教育管理的效能。

再次,质量导向原则追求公平公正。教育是公共事业,高校教育管理必须始终坚持公平公正的原则。质量导向原则要求高校管理者在资源分配、评价机制、选拔录取等方面保持公平,使每个学生都能享受到平等的教育机会,以提高教育的整体公平性。

最后,质量导向原则促进创新发展。高校教育管理需要不断推动创新发展,以适应时代的变化和社会的需求。质量导向原则要求教育管理者鼓励和支持教师和学生的创新活动,提供良好的教育创新环境,为高校教育的长期可持续发展奠定基础。

综上所述,质量导向原则在高校教育管理中具有重要的意义,它强调质量、科学决策、公平公正和创新发展,为高校提供了一个指导和引领的原则框架,有助于提升高校教育的质量和水平。高校教育管理者应当深刻理解质量导向原则,并将其积极应用于实际工作中,以推动高校教育事业的不断进步和发展。

2.高校教育管理中质量导向原则的应用

高校教育管理中质量导向原则的应用是确保高校教育质量的关键一步。在具体实践中,教育管理者需要将质量导向原则贯彻到教育管理的各个环节中,以提升教育质量和促进教育的可持续发展。

首先,教育管理者要建立质量导向的指标体系。通过制定合适的指标体系,可以明确高校教育的质量要求,并将其转化为可以量化和评估的指标,包括教学质量、学生学习成果、师资队伍水平等。通过对这些指标的监测和评估,可以及时发现教育质量的问题,并采取相应的措施进行改进。

其次,高校教育管理者应该注重建设质量导向的教育环境,创造有利于学生学习和教师教学的校园条件和氛围。例如,可以提供各类教学资源和设施,鼓励教师进行教学改革和创新,以及营造积极向上的学术氛围。通过优化教育环境,可以提升学生的学习兴趣和积极性,促进他们的全面发展。

再次,教育管理者应注重对教师的培训和评价。教师是高校教育的主要承担者,他们的教学水平和能力直接关系到教育质量的提升。因此,教育管理者应该通过定期的培训和建立评价机制,不断提升教师的专业素养和教学能力。同时,也要鼓励教师进行教学改革和创新,积极参与教育科研活动,以提升他们的教学水平和科研能力。

最后,高校教育管理中质量导向原则的应用还需要注重建立激励机制。对于教师和学生的优秀表现和贡献应该给予适当的奖励和肯定,以激发他们的积极性和创造力。同时,也要建立健全内部监督和评估机制,及时发现和纠正教育质量问题。只有建立了合适的激励机制,才能确保教育质量的不断提升和持续改进。

综上所述,高校教育管理中质量导向原则的应用对于提升教育质量和推动教育的可持续发展具有重要意义。通过建立质量导向的指标体系、创造质量导向的教育环境、加强教师的培训和评价、建立健全的激励机制等措施,可以促进教育质量的不断提升和持续改进。高校教育管理者应该始终坚持质量导向原则,为高校教育的发展提供坚实的保障。

3.质量导向原则的影响

质量导向原则作为高校教育管理的重要原则之一,对高校教育有深远的影响。

第一,质量导向原则强调以质量为中心,注重教育教学的核心环节。通过加强教师培训、改进课程设计、完善评估体系等措施,高校可以提高教育教学质量,培养出更具竞争力的优秀人才。

第二,质量导向原则要求高校管理决策要科学合理。高校在制定制度、规章和政策时,必须充分考虑教学质量,确保决策符合教育目标,从而促进学生的全面发展。此外,质量导向原则还要求高校管理决策要与时俱进,紧跟教育发展的新趋势,不断改进教育管理模式,提高教育质量。

第三,质量导向原则倡导公平公正。高校应该建立健全的评估制度,确保教师和学生的评估具有客观公正性。只有公平公正的评估,才能真实地反映教育质量和学生的真实水平,为高校培养人才提供客观准确的参考依据。

第四,质量导向原则应鼓励高校进行创新发展。通过鼓励教师开展科研项目、推进教育教学改革,高校可以不断创新教育模式,提高教学效果,培养适应社会发展需求的人才。同时,质量导向原则要求高校关注人才培养导向,注重培养学生的创新能力和实践能力,以培养出具备综合素养的高素质人才。

第五,质量导向原则还要求高校持续改进。通过定期评估、反馈机制和问题导向的教育管理实践,高校可以不断改进教育教学质量,以提高自身的竞争力和影响力。

综上所述,质量导向原则对高校教育有着广泛而深远的影响。高校应当坚持质量导向原则,将质量置于教育管理的核心地位,精心设计教学计划,改进教育评估机制,不断追求教育质量的提高,为社会培养出更多优秀人才。同时,高校还应根据质量导向原则的要求,推进科学决策、公平公正、创新发展、人才培养导向和持续改进的实践,为高效、优质的教育管理做出积极贡献。

(二)科学决策原则

1.科学决策原则的定义及意义

科学决策原则是高校教育管理的重要原则之一,它的核心思想是在教育管理过程中,将决策过程科学化、合理化,并以科学的方法、理论和数据为依据,确保决策的准确性和有效性。科学决策原则的应用对于高校教育管理的发展具有重要意义。

首先,科学决策原则可确保决策的准确性和客观性。通过科学化的决策过程,可以避免主观偏见和片面性的影响,从而更加客观地做出决策。决策者应充分了解和分析教育管理问题的实际情况,制定出更加合理、准确的决策方案,从而提高决策的科学性和可靠性。

其次,科学决策原则有助于提升高校教育管理的效率和效果。通过科学化的决策过程,可以更加有效地利用有限的资源,提高管理工作的效率。科学决策原则强调以数据和事实为依据进行决策,减少决策中的主观因素,从而使决策更加科学合理。这能够使高校教育管理工作更加精细化、专业化,以快速适应不断变化的教育环境和需求。

最后,科学决策原则还能够促进高校教育管理的创新和提高。通过科学化的决策过程,能够鼓励决策者思考创新的方式和方法。科学决策强调以数据和科学方法为指导,可以激发决策者的创新思维和能力,推动教育管理的不断发展和完善。在面对日益复杂和多变的教育环境时,科学决策原则的应用能够为高校教育管理提供更多的解决方案,促进教育管理的创新和进步。

综上所述,科学决策原则在高校教育管理中具有重要的意义。它能够确保决策的准确性和客观性,提升高校教育管理的效率和效果,还能促进高校教育管理的创新发展。在实际的教育管理工作中,相关工作者应该深入理解科学决策原则的内涵和实质,注重运用科学的方法和工具进行决策,从而推动高校教育管理水平的不断提高。

2. 高校教育管理中科学决策原则的应用

在高校教育管理中,科学决策原则是至关重要的,它是为了保障高校教育的质量和有效性而制定的一套科学的决策准则。科学决策原则的应用能够确保高校教育管理的有效性和可持续发展。

首先,科学决策原则要求教育管理者在做出任何决策之前都要有充分的数据支持。这意味着他们需要收集并分析相关的教育数据和信息,包括教师和学生的素质信息、教学资源的分配情况,以及学生的学习成果等。只有通过充分的数据分析，教育管理者才能做出正确而有根据的决策，从而提高高校教育管理的质量。

其次，科学决策原则要求教育管理者运用有效的决策方法和工具。在高校教育管理中，常用的决策方法包括SWOT分析、成本效益分析、风险评估等。这些方法能够帮助管理者对各种决策方案进行全面的评估和比较，从而选择最优的决策方案。同时，科学决策原则强调了团队决策的重要性，鼓励管理者与教师、学生及其他利益相关者合作，共同参与决策过程，确保决策的科学性和可行性。

最后，科学决策原则还要求教育管理者关注决策的长远影响和可持续性，要考虑到决策对学校整体发展的影响，并采取相应的措施来监测和评估决策的实施效果。如果决策出现了问题，应该及时调整决策方案，以确保决策的持续改进和有效性。

总的来说，科学决策原则在高校教育管理中具有重要的应用价值，它能够帮助教育管理者在不同的决策情境下做出科学、合理和有效的决策，提高高校教育的质量和效益。因此，教育管理者应该深入理解和应用科学决策原则，不断提升自己的决策能力和水平，为高校教育的创新发展做出积极贡献。

3.科学决策原则的影响

在高校教育管理中，科学决策原则扮演着至关重要的角色。科学决策原则强调基于客观数据和科学方法来做出决策，旨在提高决策的准确性和有效性。这一原则的应用对于高校教育管理有着深远的影响。

首先，科学决策原则可以帮助教育管理者更好地分析和解决问题。通过收集大量的数据和信息，教育管理者能够全面了解在高校教育中存在的问题和挑战。基于这些数据，他们能够进行深入分析和评估，从而得出科学的结论和决策。例如，在面临教育资源分配问题时，教育管理者可以借助科学决策原则，通过对各种因素的综合考虑和权衡，制订出合理的资源分配方案，以确保分配的公平公正。

其次，科学决策原则可以指导高校教育发展的方向和目标。科学决策原则基于对现实情况的客观分析,能够准确把握高校教育的发展趋势和需求。在制定发展战略和规划时,教育管理者可以运用科学决策原则,根据市场需求、人才培养需求和社会发展需求等因素,确定高校教育的发展方向与目标。这样,高校教育在实施中就能更加符合社会需求,能够更好地培养出适应社会发展的高素质人才。

最后,科学决策原则能够促进高校教育管理的精细化和优化。科学决策原则包括数据的有效收集和分析,以及严谨的决策过程。通过对科学决策原则的应用,教育管理者可以了解各环节的细节和问题,进而优化管理流程,提高效率。例如,在进行课程安排时,教育管理者可以利用科学决策原则,根据学生选课情况、教师资源等因素进行科学分配,确保能够最大限度地满足学生需求和教学资源的合理利用。

综上所述,科学决策原则对高校教育有着广泛的影响,它能够帮助教育管理者更好地分析和解决问题,指导高校教育的发展方向和目标,促进教育管理的精细化和优化。在实际应用中,教育管理者应该积极运用科学决策原则,不断提升决策的科学性和准确性,推动高校教育的发展和进步。

(三)公平公正原则

1.公平公正原则的定义及意义

公平公正原则是高校教育管理中的一项重要原则,其涉及教育资源的分配、选拔录取、评价考核等方面。公正指的是不偏不倚,公平指的是在不偏不倚的基础上,对个体差异合理对待。

首先,公平公正原则能够保证教育资源的合理分配。在高校教育中,教育资源的分配涉及师资、教学设施、科研经费等方面。遵循公平公正原则,可以确保这些资源能够公平、合理地分配给各个学院、专业或个体,让每个学生都获得公正的待遇。

其次,公平公正原则能够促进选拔录取的公正性。高校教育的选拔录取是极其关键的环节,影响着学生的前途和机会。公平公正原则要求高校以客观、公平的方式进行考核和选拔,避免偏袒和不公。只有这样,才能确保每个有实力和潜力的学生都能获得公平的入学机会,避免优秀学生因不公正的选拔而失去发展的机会。

再次,公平公正原则能够提高教学评价的公正性。教学评价是考查学生学习质量的重要指标,对教学质量的评估和提升也都至关重要。公平公正原则要求高校在教学评价中公正、客观地对待每一个学生,避免主观偏见和不公正的评价。因为只有通过公平公正的教学评价,才能真正反映学生的学习水平和教师的教学质量。

最后,公平公正原则能够为人才培养提供有力保障。高校教育的目标之一是培养具有创造力和责任心的优秀人才,公平公正的教育环境能够激发学生的积极性和创造力,让每个学生都能充分发掘自己的潜力,实现个人价值,并为社会做出贡献。

综上所述,公平公正原则在高校教育管理中具有重要意义,它确保了资源的合理分配,促进了选拔录取的公正性,提高了教学评价的公正性,为人才培养提供了有力保障。因此,在高校教育管理中,要始终坚守公平公正原则,努力营造公平公正的教育环境,为每一个学生提供平等的发展机会,推动高校教育的发展。

2.高校教育管理中公平公正原则的应用

在高校教育管理中,公平公正原则是一项重要的指导原则。公平公正原则的应用旨在保障每位学生在接受教育的过程中都能够享受到公正和平等的待遇。高校教育管理中公平公正原则的应用不仅要求对学生的录取、评价和奖励等方面进行公平公正的处理,还要求对教师、职员和各教学部门进行公平公正的管理。

(1)学生的录取和招生政策

根据公平公正原则,高校对每位学生的录取应当进行公正公开的选拔,不偏袒某些学生或特殊群体。同时,高校录取时应采取多元化的录取方式,综合考量学生的综合素质和能力,确保所有学生在等级评估中都能有相同的机会。

（2）知识传授、评价和奖励

教师应当以公平公正的态度对待每位学生，避免对某些学生有特殊待遇或歧视。评价和奖励机制应该建立在公平公正的基础上，通过客观、公正的评价标准来对学生进行评价和奖励，而不是基于某些主观偏见或个人偏好。

（3）资源分配和机会公平

高校应当公平合理地分配各项资源，确保每位学生都有平等的机会接触到优质的教育资源。另外，高校应当积极提供平等机会，为每个学生提供公平的发展环境和机遇。

（4）权益保护和纠正不公

高校应建立健全的学生权益保护体系，保障学生的利益。同时，高校应建立纠正不公的机制，及时解决教育中存在的不公现象，确保教育环境的公平公正。

总之，在高校教育管理中，公平公正原则的应用是确保高校教育公正有效的关键。教育管理者和教师应当始终将公平公正原则贯穿于教育管理的各个环节，并不断加强对公平公正原则的理解和应用能力的提升，以确保每位学生都能够在公平公正的环境中获得优质的教育。只有这样，高校教育管理才能更好地实现其使命和目标。

3.公平公正原则的影响

在高校教育管理中，公平公正原则是一项至关重要的原则。公平公正原则旨在确保教育资源的公正分配和公平利用，以保障每位学生拥有平等机会和权益。这一原则的应用对高校教育体系产生了深远的影响，并引发了一系列的讨论和研究。

首先，公平公正原则的应用使高校教育更加公正。同时，公正的教学评价和考试制度确保了学生的成绩能够反映真实的能力水平，减少了不公平因素对学生学业发展的影响。

其次，公平公正原则的应用促进了高校教育的质量提升。公正的资源分配和师资队伍建设，有助于提高教学和学习环境的质量。所有学生都能享受到相对均衡的学习条件和优质的教育资源,有助于提高高校教育质量和学术水平。此外,公平公正原则的应用也会促使高校管理者更加注重教育公信力和声誉,鼓励他们通过创新教育模式和课程设置提升学校的竞争力。

然而,公平公正原则在高校教育管理中也面临一些挑战。首先,资源的有限性可能导致公平公正原则的受限。高校资源包括师资、经费和教育设施等方面,而这些资源的分配必须考虑到不同学科、学院和学生群体的需求。如何在资源有限的条件下保持公正分配,仍是一个需要解决的问题。其次,公平公正原则的应用也需要克服一些关键因素的影响,这些因素可能对公平公正原则的贯彻产生一定的制约。

因此,在具体实践中需要采取一系列对策来应对挑战。首先,教育管理者应该加强教育资源的合理配置和优化,确保资源的公正利用。其次,制定明确的招生政策和评价标准,减少不公平因素对学生的影响。最后,通过建立合理的奖励机制和培训计划,提高教职工的教育水平和专业素养,从而提升教学质量和能力。

综上所述,公平公正原则在高校教育管理中具有重要意义。其旨在通过保证教育资源的公正分配和公平利用,促进高校教育质量的提升。同时高校教育管理面临一定的挑战,通过合理的资源配置、明确的招生和评价标准,以及教职工综合素质的提升,高校可以克服这些挑战,推动公平公正原则在高校教育管理中的有效实施。

(四)创新发展原则与人才培养导向原则

1.创新发展原则的定义及意义

创新发展原则是高校教育管理中一个重要的原则,它指导着教育管理者在推动高校教育发展和提升教学质量方面采取新的思路和方法。创新发展原则的核心在于不断寻求新的教育理念、创新的教学模式、前沿的科研成果,并将其应用于高校教育管理和人才培养。

创新发展原则的意义在于推动高校教育走向更高水平和实现可持续发展。随着社会的不断变化和进步,高校教育也需要与时俱进,不断更新教育内容和教学方法。只有通过不断创新,高校才能适应社会的需求,以培养出符合社会发展需求的优秀人才。

创新发展原则还有助于提升高校的竞争力和影响力。在当今竞争激烈的教育领域,只有不断创新才能在激烈的市场竞争中脱颖而出。创新发展可以使高校在教育教学、科学研究等方面取得很大的进步,还可以提升高校的知名度。

创新发展原则也是推动高校教育质量提升的重要手段。通过创新发展,高校能够不断改进教学内容和方法,提高教学质量和学生综合素质。同时,创新发展还能促进科学研究的创新和应用,产生更多的科学研究成果,促进社会发展。

总的来说,创新发展原则在高校教育管理中不可或缺,它对于高校的发展具有重要的意义和影响。高校管理者应该积极采取措施,推动创新发展原则的贯彻落实,不断推进高校教育的创新和提升。只有以创新发展原则为动力,高校才能迎接挑战,成为优秀人才的摇篮。

2.人才培养导向原则的定义及意义

人才培养导向原则是高校教育管理中的重要原则之一,它强调培养学生的综合素质和能力,以适应社会发展的需要。人才培养导向原则的核心是关注学生的发展,注重培养学生的创新精神和实践能力,从而培养具有扎实的学科知识和综合能力的高素质人才。

首先,人才培养导向原则强调学生的全面发展。传统的教育模式大多注重学生的理论知识,忽视了学生的实践能力和综合素质的培养。而人才培养导向原则强调培养学生的创新能力、实践能力和团队合作精神,使学生在校期间能够全面发展,健全个人能力结构。

其次,人才培养导向原则注重培养学生的独立思考和问题解决能力。现代社会对人才的需求越来越高,要求他们能够适应快速变化的社会环境,具备独立思考和解决问题的能力。人才培养导向原则通过使用积极的教学方法、实践教学和研究性学习,培养学生的创新思维和解决问题的能力,使他们在未来面对各种挑战时,能够应对自如。

再次,人才培养导向原则注重培养学生的职业素养和社会责任感。

现代社会对人才的要求不仅仅是拥有充足的知识储备,还要有道德、文化素养和社会责任感。人才培养导向原则通过强调学生应该具有的职业道德和社会责任感,培养学生自身良好的团队协作和沟通能力,使他们成为既懂技术又懂人文的复合型人才。

最后,人才培养导向原则推动了教学改革和课程开发,使教育教学更加贴近现实需求,提高了教育质量。同时,人才培养导向原则使教师更加注重学生的个人发展,更加关注学生的学科知识和实践能力的培养,推动了教师教学水平的提高。

综上所述,人才培养导向原则在高校教育管理中具有重要的意义,它强调学生的全面发展、培养学生的独立思考和问题解决能力,注重培养学生的职业道德和社会责任感,对高校教育管理的改革和发展起到了积极的推动作用。只有在人才培养导向原则的指导下,高校教育才能真正发挥其应有的作用,培养出更多适应社会需求的高素质人才。

3. 高校教育管理中创新发展原则与人才培养导向原则的应用及影响

在高校教育管理中,创新发展原则和人才培养导向原则是两个重要的指导原则。创新发展原则的核心在于推动高校持续发展、不断创新,而人才培养导向原则侧重培养具有创新能力和应用能力的高素质人才。三者既有内在联系,又相互促进,共同影响着高校教育管理的具体实践。

创新发展原则的应用在高校教育管理中具有重要作用。首先,高校要加强科研创新,推动学术研究成果的转化和应用,注重创新成果的评价和奖励机制,激励教师团队追求更高水平的科研成果。其次,高校应积极拓展国际交流与合作,引进先进的教育管理理念和技术,借鉴国际经验,促进高校的全面发展。此外,高校还应加强与产业界的合作,推动产、学、研结合,培养出具有应用能力和创新能力的人才。通过创新发展原则的应用,高校能够不断提升自身的创新能力和核心竞争力,为社会发展和人才培养做出贡献。

人才培养导向原则在高校教育管理中的应用同样至关重要。高校要坚持以人为本,培养具有发展潜力和创新能力的高素质人才。首先,高校要制订科学合理的人才培养目标和计划,明确培养目标的层次和要求,并通过有效的评价机制对人才培养进行评估和跟踪。其次,高校要注重培养学生的综合素质和创新能力,开展研究性学习和探究性实践,培养学生的批判思维和解决问题的能力。最后,高校还要关注学生的个性发展和职业规划,提供多元化的培养模式和资源支持,帮助学生实现个人价值。

高校教育管理中创新发展原则与人才培养导向原则的应用不仅是理论要求,更是实践中的必然选择。创新发展的路径离不开培养具有创新能力的人才,而人才培养的目标和方法也必须与高校的创新发展目标相契合。因此,在高校教育管理中应将创新发展原则与人才培养导向原则有机结合起来,通过合理的制度设计和实践探索,达到促进高校整体发展和人才培养的双重目标。

总之,在高校教育管理中创新发展原则与人才培养导向原则相互关联、相互促进。高校要以科学决策、公平公正原则为基础,在遵循质量导向原则的同时,注重创新发展和人才培养导向原则的应用。只有这样,高校才能不断提升自身的核心竞争力,为社会培养更多高素质人才,推动教育事业的持续发展。

(五)持续改进原则

1.持续改进原则的定义及意义

在高校教育管理中,持续改进原则被广泛认可并应用。持续改进原则指的是不断追求优质、创新和可持续发展的教育管理方式。这一原则的意义在于推动高校教育体系的不断完善,以满足社会对高等教育不断提高的需求。

首先,持续改进原则有助于提高教育质量。随着社会的快速发展和知识经济的兴起,高校教育面临着前所未有的挑战和机遇。只有不断改进和创新教育管理方式,才能更好地适应这种变化,提供高质量的教育服务。通过将持续改进原则融入高校教育管理,可以促进教育教学的改善,提高师资队伍的素质,加强教学设施和教育资源的建设,从而提高教育质量。

其次,持续改进原则有助于推动教育管理科学决策的实施。高校教育管理需要科学的决策支持,而持续改进原则能够为决策提供有力的支持和指导。通过持续改进原则,可以建立健全的教育管理体系,采集和分析相关数据,制订科学的决策方案。同时,持续改进原则鼓励教育管理者主动学习和探索,不断改进和完善教育管理方法和策略,以适应教育环境和发展需求的变化。

再次,持续改进原则有助于实现教育管理的公正和公平。通过持续改进原则,可以建立公正的评估机制,确保对教育教学过程和结果的公正评价,还能够促进多元化人才培养模式和途径的构建,为不同类型的学生提供公平的发展机会,实现教育的公正性。

最后,持续改进原则有助于推动高校教育管理的创新和发展。高校教育作为知识产业的重要组成部分,需要不断创新和发展。通过持续改进原则,可以建立创新导向的教育管理模式,激发教育管理者和教师的创新热情,推动教育教学方法、课程设置和教育资源的创新,提高高校的核心竞争力。

综上所述,持续改进原则在高校教育管理中具有重要的意义,它不仅能够提高教育质量,推动科学决策的实施,实现公平公正,还能够推动教育管理的创新和发展,为高校教育的改革和发展带来巨大的推动力量。

2.高校教育管理中持续改进原则的应用

在高校教育管理中,持续改进原则是一项至关重要的指导原则,它强调了高校教育管理的动态性和持续性,要求高校不断进行自我审视和改进,以求达到更高的教育质量和发展水平。

首先,持续改进原则要求高校建立起有效的反馈机制和评估体系。通过收集学生、教师、校友等相关方的意见和建议,高校能够了解自身存在的问题和不足,并及时进行改进。同时,高校应建立科学的评估体系,对教育教学质量进行全面、客观的评估,以便找到进一步改进的方向和重点。

其次,持续改进原则强调了高校教育管理的创新性和开放性。高校不仅需要在教学内容和方法上进行创新,还需要在管理模式和制度上进行创新。通过引入先进的教育理念和技术手段,高校可以不断提升教育质量和管理效益,以适应时代的需求和挑战。同时,高校还应积极开展与其他高校和教育机构的合作,借鉴其成功经验,从而共同进步。

再次,持续改进原则鼓励高校建立学习型组织,并激励教职工持续学习和成长。高校应提供丰富多样的培训和发展机会,使教职工能够不断提升自己的教学水平和管理能力。同时,高校应鼓励教职工积极参与教育研究和专业交流活动,促进知识的创新和分享,推动教育管理的不断进步。

最后,持续改进原则要求高校建立起科学的内部激励机制和外部监督机制。高校应设立奖励制度,鼓励教职工积极参与持续改进的活动,并对取得显著成果的个人和团队予以表彰和奖励。同时,高校应接受来自社会和相关部门的监督和评估,确保高校教育管理的公正性和透明度。

综上所述,在高校教育管理中持续改进原则对于提高教育质量和推动高校发展具有重要作用。高校应在有效的反馈和评估机制下,不断进行创新和改进,并鼓励教职工持续学习和发展。同时,高校还应建立起科学的激励和监督机制,确保持续改进的顺利实施。只有通过持续改进,高校才能适应时代的需求,为培养更优秀的人才做出更大贡献。

3. 持续改进原则的影响

在高校教育管理中,持续改进原则是一条至关重要的原则,它强调高校应该不断寻求改进和创新的机会,以提高教育质量和培养出更具竞争力的人才。这一原则的应用对于高校教育产生了积极而深远的影响。

首先,持续改进原则的应用推动了高校内部管理体制的更新和完善。为了实现持续改进,高校需要建立全方位的评估和反馈机制,以便发现问题和潜在的改进点。这就要求高校建立起科学合理的管理体制,包括规范的工作流程、透明的信息系统,以及有效的数据分析与反馈机制。通过不断改进管理体制,高校能够实现教育资源的有效利用,优化教学环境,从而更好地满足学生和社会的需求。

其次,持续改进原则促进了师资队伍的专业发展和能力提升。在面对快速变化的教育环境和不断升级的教学方法时,高校教师需要保持敏锐的学习态度和持续的专业发展能力。持续改进原则鼓励高校教师积极参与培训、研讨会和学术交流活动,不断更新自己的教学理念和教学技能。教师的专业发展不仅能够提升他们的教学水平,还能够为学生提供更好的学习支持和创新思维的引导。

最后,持续改进原则对高校教育教学内容和方式的创新也具有促进作用。为了适应快速变化的社会需求和行业发展,高校需要不断调整和改善教学内容和方式。持续改进原则能够推动高校进行教学方法的研究和实践,以探索更加有效的教育方式和教学工具。例如,引入新的教学技术和在线学习平台,设计创新的课程和实践项目,提供多样化的教育资源和学习经验。通过持续改进,高校能够培养出更具创新精神和实践能力的学生,以满足社会和行业的需求。

总之,持续改进原则对于高校教育管理的影响是多层次且深远的,它推动了高校内部管理体制的完善,促进了师资队伍的专业发展和能力提升,引领了教学内容和方式的创新。高校应该坚持持续改进原则,不断提高自身的办学水平和教育质量,为学生的成长和发展提供坚实的支持。

第二章　高校艺术教育概述

第一节　艺术、艺术教育与高等艺术教育

一、艺术

艺术即通过审美创造活动再现现实和表现情感世界,在想象中实现审美主体和审美客体的相互对象化。作为一种社会意识形态,艺术能够满足人们多方面的审美需要,从而在社会生活尤其是人类精神领域中产生潜移默化的作用。根据表现手段和方式的不同,艺术可进一步细分为表演艺术(音乐、舞蹈),造型艺术(绘画、雕塑、建筑),语言艺术(文学),综合艺术(戏剧、影视)。根据表演的时空性质,艺术又可分为时间艺术(音乐),空间艺术(绘画、雕塑、建筑)和时空并列艺术(文学、戏剧、影视)。

二、艺术教育

艺术教育具有悠久的历史,它伴随人类文明史而长存。当用历史的观点对艺术教育进行研究时,会发现一个阶段通往另一个阶段的连续性与相继性。艺术教育在历史进程中具有自由而有效运转的规律,古今中外教育家的教育理论和实践促进了艺术教育的产生与发展。

我国现代艺术教育始于 20 世纪初,当时许多教育家都对艺术教育进行了相关描述。如蔡元培认为艺术教育能够"提高人们的审美能力,培养优美情操,丰富精神生活,以求得善良的道德风尚和开明的政治局面"。刘海粟提出,艺术教育就是把艺术的精神,通过教育培育人类美的本能和美的感情,同时促使这美的本能向上发展和美的感情向外表现,普遍地培

育出良善的健全的人类。这种以美育为核心的艺术教育思想奠定了我国各级各类艺术教育的基础。

目前学界对艺术教育的认识达成了初步共识,对艺术教育概念的理解可分为狭义与广义两个范畴。狭义的艺术教育特指专业性的艺术教育,强调以艺术学科知识的传承、发展为目标的专业人才培育,是一种学科本位的概括。广义的艺术教育是美育的重要组成部分,是密切关系到人类素质和人的全面发展的教育类型,是一种哲学本位的概括。

三、高等艺术教育

"高等艺术教育"指高层次的艺术教育或高级的艺术教育,是"高等教育"与"艺术教育"的结合体,它具有高等教育与艺术教育的双重特征,形成了独特的发展规律和功能价值。对高等艺术教育概念进行界定,首先要从高等教育入手。

"高等教育"包括"中等后教育"和"第三级教育",是由各级各类高等学校或高等教育机构进行的各种层次、各种形式的专业教育。

对"高等教育"的界定主要包括以下四点:一是正规性,强调实施高等教育的机构的正规与正式。二是层次性,强调"高等教育"在教育体系中处于"高等"地位。三是专业性,强调所传授知识的"高等"和"专门化"。四是发展性,强调高等教育概念的时代性。

依据"高等教育"概念的界定,"高等艺术教育"中的"高等"也应该从四个方面体现。

第一,实施高等艺术教育机构的正规性。高等艺术教育必须是正规办学的高等院校内实施的艺术教育,既包括专业性教育,也包括非专业性教育。

第二,教育体系的层次性。高等艺术教育应是中等阶段后的高层次学习阶段,应兼具专业教育和非专业教育。

第三,知识的专业性。专门化、成体系的艺术知识是为培养专业的艺术人才服务的,是传承艺术的特殊技能和艺术文化的关键。对专门化艺术知识进行挖掘,既能反映国家艺术发展的水平,彰显艺术学科的价值,又能延续艺术创作的生命,保持艺术的活力,是专业高等艺术教育的主要内容。

第四,体现内涵的发展性,强调时代发展性的概念。高等艺术教育涵盖专业艺术教育、职业艺术教育及通识艺术教育等类型,实现了高等艺术教育概念外延的最大化,兼顾人的精神需求、知识发展的需要以及社会对艺术人才的需求。

所以,广义的高等艺术教育应是中等教育后的,由各级各类高等院校或高等教育机构所进行的各种层次、各种形式的艺术教育。

四、高等教育功能与高等艺术教育功能

(一)高等教育功能

在生物学中,功能指维持某种有机体的生命或有机的过程。社会学转借了生物学对功能的定义,并对这一含义进行了适当修正。社会学特别强调社会的系统,认为社会系统的构成要素间相对稳定的关系,构成了社会的基本结构。结构和系统要素存在的状态决定了其功能,功能是系统客观上所具有的作用。

从社会学的视角来看,高等教育就是社会或教育的子系统,"高等教育功能"特指高等教育系统内部各要素之间以及系统与社会之间以一定的方式相互作用时表现出来的客观能力和产生的效果。高等教育功能具有自主性和客观性,是高等院校存在的内在依据。

(二)高等艺术教育功能

高等艺术教育的功能是为了满足人类基本精神需要,这是艺术的特质所决定的。艺术作为时代的镜子,是某一时代审美理想的最集中表现,也是某一时代社会、政治、文化风俗的反映。创造艺术和欣赏艺术是人类的基本需要,这种需要表现在以下四个方面。

第一,通过创造艺术和欣赏艺术,洞察人自身的内在现实和其所生活的世界的现实,洞察这两者不断变化的外貌,即满足人类追求真理的

需要。

第二,通过创造艺术和欣赏艺术,发现理想的人和理想的世界究竟是什么样子,即人类追求真理的境界(或完美的境界)的需要。

第三,通过创造艺术和欣赏艺术,可以使人进入梦境和其他虚幻的境界,使人生活在"可能的世界"而不是"现实世界"之中,使人的想象力自由驰骋,使人的理解力得到自由发挥,使人回望过去、预见未来、观看种种未曾看到过的东西,即人类追求尽可能多的"可能性世界"的需要。

第四,通过创造艺术和欣赏艺术,可以达到一种内在的和谐与平静。这种快乐来自人对富有秩序的和有机统一的美的形式的体验,即人类对快乐的需要。

艺术的特殊属性决定了高等艺术教育的所有客观功能,如育人功能、社会功能及文化功能等,最终目的都是满足人类的精神需求,它决定着高等艺术教育功能的非功利属性及其功能实现途径的特殊性。

第二节　高等艺术教育的研究

一、高等艺术教育与基础艺术教育的联系与区别

在历史演变的进程中发现,一个没有艺术的民族和社会是不可思议的,没有艺术的教育也是不健全的。简单来说,由艺术和教育结合而成的教育就是艺术教育。艺术教育有一个庞大的体系,有其独特的教育功能。培养一个艺术人才或为人的发展提供艺术知识,都应该从最基础的教育开始。在人接受艺术教育的整个阶段,高等艺术教育应该是人接受艺术教育培养的最后阶段,因此,高等艺术教育指艺术教育的高级教育阶段。

(一)高等艺术教育与基础艺术教育的联系

21世纪是充满生机与活力的时代,社会发展速度惊人,艺术教育的发展也催人深省。即将接受高等艺术教育的学子,在越来越优化的基础教育系统学习中,大多已经接受过不同层次的、良好的校内外艺术教育。

如果高等艺术教育反应迟钝,或者不具备与时俱进的能力,就难免会落后于学习者和社会要求。

从 21 世纪开始,中华人民共和国教育部对学校基础教育提出了音乐、美术、艺术课程标准的教学要求。其中围绕知识与能力、过程与方法、情感态度与价值观三个维度,提出了中小学生在九年义务教育和三年高中学习阶段中,需要掌握的艺术类的基础理论知识和一些简单的音乐美术知识技能,这些是作为一个普通公民应该具有的基本素养,这种艺术教育应该归属于大众教育的一部分。

随着社会对艺术教育日益重视,考虑到艺术人才培养的特殊性,尽量将专业的艺术教育提前。从 1957 年开始,我国中央音乐学院设立的附属中学、天津市音乐小学等一批具有专业艺术教育培养目的的中小学出现,其中比较有代表性的是各个专业院校的附属中小学。这类学校分为两种:一种是直属专业艺术院校的附中附小,其生源多经过严格的专业挑选。这些学校加强了专业课程学习,其专业课程与高等院校相差无几,培养模式完全是精英教育的模式,目的就是为高等艺术院校输送高水平的艺术专业人才。另一种则是专业艺术院校的后备人才培养基地,也有专业院校附中附小的分校。这种类型的学校有自办的,也有寄居在普通中小学内的,在每年的基础教育新生招生计划中,划出一个教学单位对专业院校后备人才进行培训,这类学校的学生一般能享受较为系统的基础教育文化学习,另外增加艺术专业学习课程,参加外聘高校艺术教师教学或艺术团体指导的应试专业学习。

随着社会进步和发展,我国家长对孩子的教育更加重视。从 20 世纪 80 年代开始,中小学艺术教育就分为学校基础教育与社会教育两部分。由于家长介入,很多家庭开始主动将多余的钱投入孩子的艺术教育中,在孩子学习之余另找艺术辅导老师,或让孩子参加艺术兴趣班学习等。这是一种完全出于学习者自愿的自发式艺术教育,很多孩子在幼儿园阶段,就在家长的支持下,接受多种形式的社会艺术教育。其教学目的定位明确,教学做到了"量身定做",授课形式多为小组或个别课,有利于培养孩子艺术方面的才能。

高等艺术教育就是与基础艺术教育对应的艺术教育,目的是培养专业艺术人才,以典型的专才教育形式存在于高等教育体系之中。艺术对人的素养提升、对社会文明程度提升的教育价值,在中小学教育体系中逐渐被重视,但是高等艺术教育还没有被社会群体重视,因此,需要人们对其重视起来。

(二)高等艺术教育与基础艺术教育的区别

高等教育区别于一般基础教育的特点主要有两方面:第一,培养专门人才,为社会发展服务;第二,高等教育在从事创造性活动和富有成效的批判性研究的场所传授知识,帮助学生追求更有意义、更有价值的人生。

在现代高等艺术教育之中,艺术技能、艺术知识、艺术创作、艺术审美鉴赏、艺术批评、艺术传播交流、艺术设计与创造、艺术设施发展、艺术社会学、艺术审美学、艺术哲学、艺术教育科研等,都是学习者要接受的高级艺术教育。高等艺术教育包括技术层面和文化层面,旨在实现人的全面健康发展,这是高等艺术教育与基础艺术教育明显的区别。

高等艺术教育代表着一个国家艺术教育最高级、最顶尖的教育水平,因此它也凭借培养人才、研究学问成为整个教育体系中的最高级阶段,高等艺术教育要在逐步专业化的教育过程中,完善学生的人格,帮助学生实现未来的发展目标,进一步完善知识和技能教育、心理教育、思想教育、价值观教育。

高等艺术教育是艺术教育的最高级阶段,主要体现在以下几个方面:

第一,高等艺术教育在专业上的要求不再以进入更高层次教育体系为目标,而是最大限度地传授知识,发挥学生的艺术天赋。接受高等艺术教育的人将完成学校系统教育的最高级阶段也是最终阶段学习。一个接受艺术教育的人应具备从事艺术工作的能力,并且能促进社会艺术的传播、发展。

第二,学生在接受完高等艺术教育后将踏入社会,成为社会的一员。因此,帮助他们树立正确的人生观和价值观是高等艺术教育不可推卸的责任,而接受高等艺术教育的人,应该在促进文化传播、发展文明等方面承担社会责任。

第三,高等艺术教育应该更加突出艺术创造上的优势,其本身既是传播先进技术的教育,也是促成新的艺术创作诞生的教育。艺术教育的所有高级属性都应该在高等艺术教育中显现出来。

第四,在现代的高等教育中,高等艺术教育应该既承担为国家培养顶尖艺术人才的任务,又承担丰富大学教育知识体系、发挥艺术学科辐射作用、促进大学人文教育发展的重要责任。相对于非艺术专业类院校来说,艺术类高校承担更多的传播文化、美学教育的重任。高等艺术教育对人的心智和态度情感价值观层面的熏陶感染,是其他门类的教育无法替代的。这种高等艺术教育同样也是与基础教育中的艺术课程标准要求相对应的。

二、高等艺术教育的作用与特点

(一)对人的全面发展和社会文明发展的重要作用

在高等教育中,高等艺术教育从本质和特性上属于美育范畴,在高等教育中办好高等艺术教育,就是对我国的社会主义建设事业,对为广大人民服务培养高素养人才,对教育与社会实践结合,对提高国民素质,对大学生的创新精神和实践能力培养都具有重要作用。

促进人的发展与社会发展是高等教育的基本功能。全面发展是学生的权利,全面发展的过程是自由发展,全面发展的内容是个性发展,全面发展的实质是和谐发展,全面发展是个性化发展,全面发展的根本是人的解放,是"把关系还给自己"。把全面发展的权利还给学生,完成高等教育促进学生全面发展的任务,高等艺术教育就是最好的载体和船桨。艺术是一种情感教育、趣味教育、人格教育,艺术是开发人类大脑的有效教育。赫伯特·里德说过:"在我们的教育中,务必把形形色色的审美活动提到首位,因为在创造美的事物的过程中,情感的结晶将会凝结为不同的模式,也就是不同的美的模式。"里德的话强调了高等艺术教育对于人的全面发展,对于推动社会文明发展都具有不可替代的作用。

(二)对高等院校的创新性发展的重要作用

自中华人民共和国成立以来,我国高等艺术教育院校逐年增加,对整个高等教育体系的均衡发展具有重要的推动作用。国家通过制定法律法规推动普通高等艺术教育人才培养模式的构建,足以看出我国高等艺术教育对人的全面发展的教育的重要性以及高等艺术教育所承载的传承中华文明的重要职责。

成为高等教育的组成部分,为国家培养大量的艺术专门人才,是高等艺术教育的重要职能。文化艺术从来都是社会必不可少的重要组成部分,它贯穿整个人类文明史。自古以来,在社会文化的历史中,既需要承前启后的表现者,也需要从事专门艺术的研究者,更需要锐意创新的大胆探索者,这些都是高等艺术教育的社会责任。让从事高等艺术教育工作的人掌握系统的专业知识,是高等艺术教育的学术责任。给所有踏出高等艺术校门的人一颗开放、平和、善良、上进的心,是高等艺术教育所承载的人类文明发展的责任。

早在艺术教育思想出现之始,艺术教育的美育、艺术史、艺术创作与艺术评论四个基本方面就为教育家所重视。在艺术教育未形成系统理论之前,美育与哲学保持着紧密联系;艺术史是史学的重要组成部分;艺术创作与文学、自然科学相互交融;艺术评论是批判主义思想的重要表达方式。当我们把艺术教育放到高等教育模式中,特别是放到非艺术专业的高等教育中的时候,艺术教育思想的上述四个基本组成部分,可以深入高等教育的各个学科和各个部分。哲学、文学、自然科学、历史知识以及批评精神,是一个有情趣的社会人所必须具备的重要的潜在素质。虽然并不是学习艺术课程就可以代替哲学、文学、自然科学等学科的学习,但是艺术是可以使这些学科融会贯通的独特学科。在呼吁解放思想、赋予大学生更多学术自由的高等教育改革中,加强艺术教育能够起到促进学生全面发展的作用。因此,在非艺术类高校中创设系统的艺术教育人才培养模式,是高等教育阶段有社会责任的教育决策行为。

高等艺术教育也是高等教育中学生健康心理建设的重要组成部分。社会科技的发展对未来大学生的要求越来越高,学生的学习心理负荷无疑越来越重。因此,高等艺术教育课程应该成为高等教育中不可或缺的组成部分。从艺术教育的审美功能来看,它具有美化心灵、调节情感、提升审美情趣的作用;从艺术教育的认识功能来看,它具有超越现实、振奋精神、联想象征的作用;从艺术教育的教育功能来看,它具有健全大脑、健康心理的作用。古今中外的很多政治家、科学家、文豪大多酷爱音乐,或者本身就是音乐家。鉴于艺术对开启人的智慧、健康人的心理的作用,在各级各类高等院校中创设艺术教育人才培养模式,是健全艺术教育本身,加强高校学生心理健康建设的必然选择。

高等艺术教育对促进高校文化建设具有重要作用。高等学校的校园文化,是直接影响大学生成长的环境因素,是高等教育机制中十分重要的环节。高等艺术教育对高校建设具有本校特色的、健康向上的校园文化,形成良好的校风具有重要作用,而校风对大学生有潜移默化的教育作用。每一所高校都是一个相对独立的文化环境,其校园文化是一种团体意识、精神氛围,这些特点都与艺术教育的特点相适应,可以改变社会风气,达到和谐的社会教育目的。艺术教育以其特有的凝聚力、团体参与形式,直接作用于精神层面的教育思想,它以美为情趣的教育内容是校园文化建设不可或缺的组成部分。

(三)高等艺术教育的特点

高等教育模式主要包括三方面,即人才培养体系、高等教育结构和高等教育体制。其中人才培养体系是高等教育的核心,因为教育活动以人才培养为中心;高等教育结构是基础,没有高等教育结构就无法发挥高等教育的任何功能;高等教育体制则是保证,没有体制就不能形成一定的机制,而一个系统活动的进行及其功能的发挥,都是通过一定的机制完成的。因此,高等艺术教育模式也包含这三面,并呈现出以下特点:

1.特殊的学术性与职业性

强调学术性还是注重职业性是高等教育办学思想的争论之一,能够把学术性和职业性结合起来共同发展是最好的处理办法,但是很难做到。比如,工科技术性院校更注重职业性,基础科学占多数的大学则多强调学术性;大学偏重学术性,地方大学则不能不考虑职业性。

高等艺术院校可以说是少有的、需要认真处理学术性与职业性的关系的高等教育类型。使学术性与职业性互相促进、相辅相成,就能够创办高水平的艺术教育,也突出了高等艺术教育人才培养模式的特征。

2.特别的艺术教育人才培养模式

艺术教育是一种要求具备一定的技术操作能力的教育。不管从事音乐艺术的演奏、演唱还是美术的雕刻、绘画,具有精湛艺术本领的人才从来不会被社会冷落,当他的艺术造诣达到一定水平时,艺术本身就可以成为职业。让许多愿意学习艺术的人达到艺术的最高水平,是现代高等艺术教育的责任,也是高等艺术教育的目的所在。艺术的人文学科本质决定了艺术人才的成长离不开对学术的追求与钻研,包括对历史艺术经典作品的分析、钻研。最早的艺术教育人才培养模式就是艺术大师带着学生与艺术爱好者观摩创作过程与作品,在研究与批判反思中提升自身的艺术修养,而这种感知教学模式与情境教学模式在今天仍然实用。这种亲身体验和模仿、跨越历史和现实的理想创造,是高等艺术教育人才培养模式所追求的境界,也是高等艺术教育不同于一般高等教育人才培养模式的地方。

3.现代的跨越多学科的课程体系

现代艺术对知识的需求范围比起过去更为广泛。举个很简单的例子,文艺复兴时期艺术大师加尔文的作品题材十分广泛,涉及生物进化、解剖、文学作品以及商品经济等。而今天的艺术涉及计算机信息技术、物理材料学、化学材料属性、经济学,也离不开文学与哲学。科学技术的发展为艺术提供了创作的条件,新的乐器应用材料、电子合成多媒体技术、新型的色彩印染技术、新型的色彩原料、计算机辅助效果绘图,使学生接受的高等艺术教育已经远不止前人所学。艺术教育所要传授的新型的知识领域在向外扩展,跨越文理科,甚至深入理工科的各个分支。在不断更新知识结构的同时,传统的历史、哲学、文学知识又是构成艺术家素养的要素。

4. 注重对学生的引导与培养

艺术具有思辨性质,其系统理论到现代才逐渐开始建立。传统的一对一的教学、师傅教徒弟式的技能传授式教学,都是个体心得体验言传身教的培养模式,这种人才培养模式直至现在仍然在各类高等艺术教育中存在。艺术强调人的主观的理解与认识,如教师教学生弹一首钢琴曲子,在教与学的过程中,明显存在对艺术作品一度创作的理解与二度创作的表现形式。艺术教育在基础教育阶段主要进行基础知识学习,到高等教育阶段则分为经典艺术作品学习再现、艺术创作、艺术评论等。经典艺术作品学习再现属于对前人的优秀艺术作品以及相关艺术史知识的学习;艺术创作则是在掌握前人创作技巧与创作思维的基础上的自我思辨;艺术评论是更高层次的要求,要在明晰艺术理论与创作技巧的同时,洞悉艺术创作主要流派、主流审美观并对艺术作品的艺术现象进一步研究。因此从以上三个层次来看,高等艺术教育在教学中,既要针对学生个人的素质进行相应的学习内容和学习方法准备,又要根据学生的成长引导学生进行自我提升,还要让学生建立成熟的正确的艺术观。

5. 公平的教学评估体系

教学评估体系向来是一个有争议的概念,艺术本身属于抽象概念,因此任何的量化指标对于高等艺术教育都是不切实际的。统一的量化要求有悖于艺术教育的本质,不可能求得艺术人才的个性发展。艺术的实践性对学生的技能技巧提出了要求,因此考核高等艺术教育的教学效果,实践是重要一环。由于艺术本身具有抽象性,其在考核中容易出现标准的混乱,甚至出现没有标准的情况,因此在考核中充分体现公平、公正、公开是高等艺术教育要解决的问题。艺术素质的反应是多方面的,技能技巧体现的是个人主观意识,理论知识则需要系统的学习。因此理论知识考核同样也是艺术教学评估的重要组成部分。高等艺术教育教学评估体系应该区别于一般高等教育评估体系,更多地把实践技能考核与理论知识考核结合,并且均衡两者所占的比重,这样才能充分体现教学质量与效果。

6. 教学对象研究有较强的专业针对性

高等艺术教育的教学对象研究,主要突出较强的专业针对性。在高等艺术教育阶段,专业划分非常细致具体,针对不同专业的教育对象和不同的知识结构的搭配有不同的研究。从学生的角度来看,学校尽量多地为他们提供可选择的课程,让学生根据自己的需要选择、搭配课程,可以调动学生学习的积极性,有利于他们的个性发展。从学校的角度来看,研究教学对象具有引导作用。学生根据自身需要选择课程,具有特定性,而学生无法预知的社会需求往往具有共同性,根据学生所学专业的特点为其提供系统的学习计划,是从长远和宏观角度对社会所需人才的调控的研究。

7. 软件和硬件建设的独特性

艺术类高校学生的学习对学校的软件和硬件建设也有独特的要求。第一,因为艺术具有抽象性和技巧性,学生在学习过程中获得的书本知识相对于非艺术专业学科来讲有限得多,他们通过视觉、听觉等感官获得的经验更为重要和直接。第二,高等艺术教育非常强调实践性,对于教学对象来讲,获得实践的机会非常难得。一次艺术实践需要策划、内容组织安排、现场关系协调、场地布置等,是具有学术性和社会性的,可以提升大学生艺术修养、积累实践经验的社会活动和教学活动。因此,高等艺术教育的软件和硬件建设的特殊性体现在为学生提供齐全的经典艺术作品资料库,配备专门的艺术教育设备,提供可以进行各种艺术实践的条件。

第三节　艺术类专业学生的概念与特点

一、艺术类学生的概念

(一)艺术类学生的界定

纵观目前各学校的专业划分,当前高校中的艺术类学生大致可以分为两种,一种是在专业的艺术院校中学习深造的学生,另一种是在其他综合类高校中学习艺术相关专业的学生。

(二)艺术类学生的来源

艺术类学生一部分是自小喜爱艺术,长期进行艺术训练和实践或在中等专业学校专门学习艺术专业知识,并有志到高校中进一步探索与发展的学生。另有相当一部分学生本身不具备艺术专长,只是因为艺术类高考录取对文化课的成绩要求相对较低,从而成为艺术类学生。

二、艺术类专业学生的特点

学习艺术的学生身上有所有学生都具备的共同特征,但他们还有属于群体自身的突出特点。这些学生由于从小接受艺术训练,相比于其他学生,在情感上更为细腻,在心理上更为敏感,在表达上更为流畅,同时在遇到困难时容易退缩,很容易受到外界的影响。面对艺术类学生与普通专业学生的不同特征,应该本着具体问题具体分析的原则,正视高校艺术生区别于其他普通专业学生的特点。

(一)个性特征鲜明,自我中心意识强

艺术类专业学生的专业特点决定了他们在日常的学习和生活中会表现出和普通学生不一样的行为特征。他们具有较强的自主性、自由性,具有创新的思维意识、敏锐的思维洞察力和丰富的思维想象空间。由于艺术生具有专业特长,他们的形象思维较为活跃,扩散思维和放射性思维能

力也很明显。张扬的个性成为艺术生的突出特点,这种张扬的个性强调个体的主体意识,也使得他们的集体主义观念和团队意识相对淡薄。

(二)专业能力显著,文化知识较弱

基于艺术类专业的特殊要求,艺术生在高考前要参加专业课考试,在专业课考试通过的情况下参加全国统一的文化课考试。不同于普通专业,在文化素质与学习方式上,艺术专业招生录取分数线相对文、理科较低,这一现状也使得学生把专业成绩的高低看作高考成败的唯一标准,因此在平时他们将学习重心放在专业课的学习上,而忽视了文化课水平的提升。此外,针对艺术生的自身特点,高校的课程安排中文化课的比重也相对较低。在这样的教学体制下,艺术生的文化知识能力较为薄弱。

(三)思想情感丰富,理想信念缺乏

艺术生情感丰富,并且对新兴的东西的接受能力较强,但是在考虑问题时过于感性,缺乏深度,也易受情绪支配,不能理性地看待问题。部分艺术类学生沉溺于自我发展、自主选择中,没有明确的理想和信念,因此需要重视对艺术类学生理想信念的培养。

第三章 高校教育管理的现状分析

当前我国高校教育发展迅速,要分析高校教育理念、课程管理、学生管理、教师管理和行政管理的创新发展现状,才能使我国的高校教育教学育人管理适应当前社会发展的需求,培养全面发展的人才。

第一节 高校教育理念创新发展的现状分析

一、高校教育理念的发展变迁

理念始终存在于制度变迁的整个过程中,它能在一定程度上解释制度为何变迁,并且能够体现制度与价值的统一性。在历史制度主义中,理念有着两种含义:第一,背景性理念。此种理念也称为情境性理念,是指将理念融于制度之中,有利于行动者展开行动。第二,工具性理念。其有利于行动者自身利益的实现,政策范式是工具性理念的表现。因此,高校教育理念与思想的变化是高校教育教学改革得以演进的重要内部动因。

(一)世界高校教育理念

高校教育哲学能够为高校教育发展提供方向性指导,会对高校教育未来的发展规划产生影响,也会对高校教育机构的发展产生影响。有学者就大学如何确立自身地位提出了两种路径,即以认识论为本和以政治论为本的高校教育哲学。从认识论的角度看,大学的存在是为了追求知识,了解深奥的世界,是一种"闲逸的好奇",是一种纯粹追求真理的高校教育哲学理念,追求知识是最终目的。政治论则强调大学的存在不只是为了追求知识或者出于一种好奇,而是对国家、对社会的发展有着重要影响,它能够把社会需求当成自我发展的动力。

中华人民共和国成立前,由于我国正处于特殊的历史时期,高校教育领域内充斥着多元思想,如存在主义哲学、实用主义哲学、进步主义哲学、理性主义哲学等,因此高校内部也就呈现各种思想理念兼容并包,不断碰撞的状态,同时正是因为思想上的多元和包容,我国高校教育走过了一个辉煌的时代,涌现出了许多大师。中华人民共和国成立后,我国进行了院系调整、课程设置、教育试点等工作,有利于新中国成立初高校教育的快速改造与稳定,但也带来了思想上的僵化。之后在改革开放的背景下,我国高校教育哲学也发生了巨大的转变,逐渐建立起一种兼容并包、符合教育规律、以人为本、不断创新、以马克思主义哲学为核心的多元高校教育哲学体系。

(二)中国高校教育思想

每一种思想的产生和发展都会受到环境的影响,高校教育思想必然也会受到我国国情的影响。在现代社会中,教育已然上升为国家事业,其社会性越发突出,教育是具有内外部规律的。既然教育与社会诸多方面相关联,那么教育思想也就不应仅仅局限于人,还应包含国家层面的教育思想。

我国高校教育思想可分为三个阶段:以政治建设为中心的高校教育发展思想、以经济建设为中心的高校教育发展思想、以人民为中心的高校教育发展思想。这三个思想阶段正是在具有整体意义的高校教育理念指导下形成的,而我国高校教育教学改革的发展也是以此为基础变化的。第一阶段的我国从政策文件、教育方针、制度建设以及各种高校教育实践上都将政治建设放到了中心位置。而第二阶段随着改革开放,经济建设成为国家的中心任务,教育具有生产力的性质也逐渐显现出来,高校教育与经济日益密切,因此与之相关的一系列法律政策也都是为了适应国家经济建设而颁布的。任何事物都有两面性,经济的确在某种程度上促进了高校教育的发展,但也不可否认其对高校教育质量产生了一定程度的损害。在这个阶段,国家和社会加大了对高校教育质量的关注,也做出了一些具体实践,如本科教学评估、高校章程建设等,高校教育教学改革也被提上了日程。第三阶段中国家庭、社会逐渐重视高校教育教学的作用，我国高校教育的发展就是要依据当前中国的现实情况，为实现"中国梦"和"四个服务"不断努力，办具有中国特色的世界一流高等教育和学校。此目标实现的关键在于是否具有高质量的、能够满足人民需求与社会需求的高校教育。在这种高校教育思想下，高校教育教学的力度便需要不断加强，形式和内容以及法律制度等方面也都会得到进一步的完善，由此来确保高校教育的质量。

政策是理念进入制度变迁的载体，通过政策，抽象的理念会转化成一些具体行为，有助于推动政策的执行，进而影响制度环境。随着理念的变化，我国颁布了一系列的法律政策，高校职能也发生了深刻变化。法律政策最能体现出一个国家和社会对高校教育的认识与态度，也对高校教育教学改革的演进有着关键性作用。

高校教育理念与思想影响高校教育法律政策的制定，而法律政策是高校教育教学改革构建和发展的基石。改革开放后，我国市场经济得到快速发展，国际化也逐渐加深，我国在坚持马克思主义理论的基础上，吸取主要部分，形成多元化的高校教育哲学体系。因此，在这种情况下中共中央于1985年开始进行教育体制改革，颁布的《关于教育体制改革的决定》成为我国教育发展的关键节点。与之相应，我国高校教育也开始了重大变革，随后颁布的文件强调政府放权和高校办学自主权的加强，这是高校教育理念中"高校自治""学术自由"的表现。随着20世纪90年代依法治国提上国家日程，我国开始了法治建设，教育领域也逐渐出台一系列法律法规。此后，不管是法律还是政策文本中都强调依法治教。在法治思想的影响下，我国高校权利逐步落实，并且越来越具体化，如高校可以自行完善内部结构、加强民主管理等。

当今社会是法治社会，因此高校教育理念的建设也必须有法律制度作为保障。纵观改革开放后的一系列文件，不难发现高校的权利愈加明晰，政府和高校的权力边界也不再像之前那样模糊不清。此外，高校在拥有权力的同时被赋予了更多责任，但始终是以育人为核心任务。育人，既要将教学质量提高,也要培养德、智、体、美、劳全面发展的人才。故而办出具有中国特色的高校、提高教育质量就成为高校教育教学的主要目的,这些都需要法律政策作为保障,而法律政策的制定也离不开高校教育理念和思想的转变。《教育法》中明确规定了学校要有章程,《高校教育法》中更具体提到高校办学的前提条件之一是章程。章程的建设是现代大学制度的重要部分,其中涉及高校的办学宗旨。当前我国已经颁布的高校章程中普遍存在三个特点:第一,我国高校坚持社会主义的办学方向,这是以马克思主义理论为核心的高校教育理念的体现。第二,大部分章程都包含人才培养、科研、社会服务和文化传承,这既是高校应有的使命,也是多元化高校教育理念下高校应担负的职责。第三,高校章程普遍强调了高校依法自主办学,在此基础上,高校在章程内明确对其内部人、财、物的管理进行了划分,因此可以说高校教育理念和思想是推动高校教育教学改革的内部动因之一。

二、高校教育理念的创新发展现状

(一)教育理念创新

在高校的整体教育理念方面,高校要重视素质教育,要做到创新教育,要开展充实教育。并且最重要的核心理念是改变观念,努力培养拔尖学生,实现通才教育,做到因材施教。

1.素质教育

从20世纪80年代开始,我国教育界就开始对素质教育越来越关注。当时的高等学校普遍存在着过于强调专业教育,培养专门人才的情况,而当时美国、日本、韩国等,已经在人才素质的培养上形成了一系列的观点和举措,十分值得我们借鉴和思考。这样的国际形势,对我们来说是机遇也是挑战,我国只有加快教育改革的步伐,改变高校的教育观念,努力提高人才的素质,才能适应21世纪对人才的需要。以前高校为了适应计划经济,培养学生仅仅从行业的需要出发,一味强调专业对口,这样的要求在市场经济下是行不通的。市场经济打破了行业经济的界限,这要求高校培养出来的学生基础厚、知识宽、专业新、素质好、能力强,因此高校的整体育人理念要随之变化,必须加强通识教育,教学内容要立足于培养复合型人才。

2.创新教育

我国大学培养出来的创新能力拔尖的人才不多,人才培养上的平均主义、平而不尖的状况会影响我国科学技术和经济的发展。因此高校的育人观念需要与时俱进,打破统一的教学模式、计划,以人为本,从学生出发,开展通识教育,激励他们成才成人,促使他们成为符合新时代社会要求的青年。高校需要改变观念积极培养人才,而当下的社会环境,已经为教育的个性化和培养人才创造了良好的条件,在市场经济和改革开放的大好形势下,高校可以重视个性教育,而且应该更加努力地去培养优秀人才。教育的目的不是为了消除不同和差异,而是为了发掘每个学生的专长和潜力。因此要通过教学改革,在课程设计上,为学生的发展提供更多的选择余地,让学生的个性得到充分发展,同时要根据实际情况来规划高校的发展道路。

(二)教学制度灵活

20世纪80年代以来,我国在全球化高等教育改革的过程中,以制度教育改革为基础,不断促进我国高等教育制度改革,将选修制与学分制专业设置相结合。

首先,我国高等教育改革以促进高等教育质量的提升为核心,积极地通过专业建设以及发展来促进专业结构的优化升级,保障人才培养质量,充分发挥具有一定特色以及优势较为明显的专业的作用,保证其能够在高校教育改革落实过程中发挥一定的作用和价值。

其次,我国教育部门的相关管理人员曾在20世纪70年代的全国科学大会中提出,一些综合实力较强的高等学校要积极落实学分制,重点大学也应以该制度为基础,从而不断地促进自身综合实力的提升,保障教学模式的灵活性。

最后,选修制的落实能够积极推动高等教育教学改革,学生能够在该制度的引导下结合自身的实际需求选择相应的课程,让学生能够拥有更多的主动性和积极性,充分发挥学生的学习积极性,保障现有的教学模式能够符合科技、文化以及经济发展的需求。

高校教学体制改革还将选修课作为专业辅助性的课程,为学生提供了大量的可选择的课程进行挑选,学生可根据自己的兴趣选择专业课以外的课程进行学习。有的大学生在学习了一段时间专业课之后,发现自己并不喜欢自己所选的专业,因此可以在开设的选修课中选择有兴趣的课程,以便及时调整所学的专业,为今后的就业做准备,也可以进修第二学历来获得更多的知识储备。高校选修课是现代教育理念视角下的以人为本的重要体现,通过尊重学生的兴趣爱好,根据学生自身发展要求,使学生自己掌握自己的发展方向。这在当前高校教学中成为最受欢迎的组成部分。

(三)教学内容多样

在教学改革的过程中,教学方法和教学内容是改革的重点与核心。随着改革开放的不断深入,我国高等教育内容出现了较大的变化。首先,许多教学内容开始与时代相结合,针对时代发展的实际需求,保障现有的教学内容能够真正地实现与时俱进。其次,教学内容能够保障国际化水平的提升,可以针对高校教学体系以及课程结构的实际情况,积极借鉴其他国家优秀的做法,保障教学改革能够适应国际时代发展的需求。

多年来,高校教学的主要内容已经形成了比较稳定的内容框架,我国针对高校学生的学习兴趣和培养方向,以及国家人才培养的计划制定了相对完善的教学内容体系。教学内容是高校学生获取知识的直接来源,是学生能够从高中学习顺利过渡到大学学习的重要环节,也是大学生能否适应未来社会工作要求的重要保障。但是在当今社会政治变化速度加快的情况下,教学内容是否做到与时俱进,能够反映出高校教学理念是否先进。教学内容主要体现在教材更新及时度和教学内容来源两个方面。

首先,我国高校的教材更新速度落后于当前社会发展的人才培养需求变更速度。教学内容通过教材来展示,大学生在学习中是否会对所学知识产生兴趣,主要取决于教材内容是否吸引学生的学习兴趣。教材的内容质量决定对大学生培养的准确性,目前我国高校对选修课程的教材进行自主选择,有的高校会选择本校教师编写的教材,有的高校偏重名校出版社的教材。无论选择哪种教材,教材的出版更新是否及时是反映教材质量的重要标准之一。当前大学生获取知识的途径已经从传统的书本转变为现代的互联网平台,学习的方式也更加多样化,高校的教材已经不是学生获取知识的唯一来源,因此大学生对信息和知识的了解可能多于或快于教材的内容和更新速度。但是现实的情况是,一些大学教师在选择教材的时候偏重自己熟悉的教材,因为他们对教材的内容把握度较高,在同类专业中有的教师往往会选择同样的教材,并没有对学生的专业进行差异化的区分,导致教材并不具有针对性。

其次,目前高校教师对教学内容的来源已经开始从单一的课本教材向教师感兴趣的内容素材搜集转变,有的教师能够根据自己的实践经验,对与课程有关的话题、社会热点进行具有针对性的整合,将这些知识作为教学内容传递给学生。尤其是在实践类课程中,教学内容的新颖性更加值得高校教师的关注,有的教师能够主动寻找与课程相关的有趣知识作为丰富教学课堂的主要知识来源,但还是存在一部分教师墨守成规的情况。对于一些本身就没有固定教材的课程,需要高校教师选择合适的、正确的教材作为讲课的内容,这就需要根据教师对学生的了解、对课程的了解,还有教师自身的学术造诣来进行教学内容的选择,给教师带来了极大的挑战。

(四)教学方法开放

从目前来看,许多学校在教育改革的过程中以提高学生的研究能力以及创新能力为基础,保障学生素质以及水平的提升,并结合各高校建设的实际情况推出了一系列质量较好的教学方法,其中主要包括情境教学法、学术沙龙研讨会、案例教学法、发现式教学法等,这些都在促进高校教育普及的过程中发挥着重要的作用以及价值。

在现代教育理念的影响下,我国高校的教学方法在操作层面上向着具有实践性的方向改进,由过去面对面形式的授课模式向互联网在线教育转变,由书本授课模式向实操性授课模式转变。传统的高校教学方法是灌输式的教学方法,在集中的大型课堂上,高校教师往往不能关注到每一个学生的学习状态,形成了教师自己在讲课,只有少数学生认真听课的状态。但是随着现代教育理念的普及,我国高校引进了多媒体教育资源,利用互联网平台、多媒体仪器丰富课堂教学。在一些利用多媒体资源进行教课的课堂中,学生会在安静的教室中,认真聆听多媒体软件播放的视频教学资料,能够真正地吸引学生的兴趣。

高校课堂气氛是教学方式是否使用得当的重要检测标准,一些大学课堂中会出现学生一味地记笔记,老师将教学内容通过幻灯片的方式展示出来,作为考试复习的重点资料,这样的情况使学习变得枯燥无味,无法实现对学生综合素质的培养。在高校教学改革中,应通过对学生进行创新性的人才培养计划,将高校课堂向外进行延展,让学生在学习中发散思维和开放思路,及时向教师反馈对独立想法的。同时教师也能够用启发式的教学方式来唤起学生自身的学习兴趣,给高校学生更多的独立思考空间。在讨论式和启发式的教学方式下,高校课堂学术气氛变得浓厚,大学生会认为学习是一件很有趣的事情。高校教师如果能够经常开展研讨性课题,带动学生一起参与课堂讨论,将有助于学生自发自主地进行该门课程的学习。

第二节　高校课程管理创新发展的现状分析

一、高校教师的课程理论培训

课程建设是高校发展的重要一环,要想跟上课程发展的脚步,高校教师的课程理论培训就必不可少。高校的管理阶层应充分认识课程管理的重要性,从而对高校教师做深入细致的动员宣传工作,充分调动高校教师参与课程管理的积极性和主动性,增强他们课程管理的意识。

当前,针对高校教师课程理论普遍匮乏的状况,高校管理阶层必须高度重视,不仅应提高高校教师培训管理的参与度,还应为课程理论培训提供必要的智力支持和物质保障。在培训形式上,高校可利用本校和外部的教师资源,通过讲座、研讨、短期培训、专题研究等形式为广大教师开展有关课程理论知识的培训和学习,让高校教师掌握如课程目标、课程内容、课程评价、课程实施等一些基本的课程原理和知识,为课程建设提供必要的理论支持,以提高课程管理的质量。课程理论培训的开展既可全校统筹安排,也可各院系分开进行。

二、课程管理中宏观与微观相结合

在现今的高校课程管理中,很容易出现课程管理阶层与课程执行阶层的脱节,也就是宏观管理与微观管理的脱离。管理阶层一些决议的产生往往是管理阶层单独研讨后的结果,没能很好地反映广大基层教师的声音,更不可能反映学生的需要。这就需要高校的管理层在实际的工作中,想办法促使教师、学生与高校管理阶层的接轨,促进宏观管理与微观管理的有机结合。只有这样,才能充分调动广大师生的积极性,使高校管理阶层更加有针对性地改进课程管理的相关措施。在日常的课程讨论会上,不仅要增加教师和学生参与的机会,还要给予他们一定的话语权,最重要的是赋予广大师生在课程相关问题上一定的表决权。提高师生在课程管理方面的参与度,必定能够极大地促进高校的民主化进程,还可以促使课程建设朝着正确的方向稳步推进。

三、课程管理制度的协调发展

首先,课程管理协调制度要处理好要素矛盾关系,即知识与学时的关系。众所周知,现代大学知识兼具有限性与无限性。对于海量的知识而言,其是无限的,随着时间的推移,新的知识取代旧的知识,不断扩充自己的边界。但对于学校教育而言,知识又是有限的。一个学生不可能在高校中学会人类所有的知识,教师也只能在其学科领域内有一定的知识储备与积累。与此同时,学时也具备有限性和无限性。对于一个学生的在校期间来说,他的学习时间是有限的,有课时、日学时、周学时、学年等有限的计量方法,但是如果从学生的整个生命长度来看,他的学时又是无限的。大学的课程管理制度就是需要协调好这些要素的矛盾关系。对于学生的终身学习而言,应该妥善处理好学时的无限性与知识的有限性矛盾;而对于学生在学校期间的学习过程而言,需要处理好知识的无限性与学时的有限性之间的关系,学时要合理精简,注意效率,使学生能在学时限度下完成自己基本目标层次知识的学习。

其次,课程的协调管理制度需要处理好知识和社会需要这两个要素之间的矛盾。随着时代的发展、社会的进步,知识呈几何倍数增长,社会对新知识的需求也与日俱增。大学从以往单一的教学职能扩展到教学与科研的双职能,又发展到教学、科研、社会服务三职能。现代大学的知识储备已经从单一走向多元,知识在时间维度上不断创新和发展,任何人和学校都不可能在一生短暂的时间内掌握每一项知识。对于大学教育而言,超出自身承载范围的知识与外部几何倍数增长的社会需求成为它不得不面对的重要问题。量力而为是现代大学采用的普遍办法,原有的以不变应万变的方式已经无法适应今天社会对大学的游戏规则。由此可见,一所大学只能依托自身学科优势背景,在有限程度上满足一定的社会需求。

最后,课程的管理制度需要协调好知识与学生发展这对要素之间的关系。大学的知识是有限与无限相统一的,对于学生而言,他在学校的学习中受限于学时,所能习得的知识是有限的。可是从学生的长远发展来看,学生的学习又是终身的,学校习得的知识具有长远性,它并不只是能够解决学生眼前面临的技能需求和工作需要。可以说学生的未来发展与学生在大学里学习的知识是辩证统一的,一方面学生通过在大学有限时间内的学习而满足自身短期发展的需要,另一方面知识的无限性又促使学生在未来的人生道路上保持终身学习的习惯,这些都建立在大学的知识基础之上,大学有必要处理好知识与学生发展之间的关系。

对于大学课程的管理制度,如何处理好诸要素之间的矛盾是至关重要的。知识与学生发展、与学时以及社会需要这几对要素是重中之重,好的课程管理制度能迎合时代特征并根据所处时代环境做出及时的调整。19世纪及以前的大学倾向的是培养百科全书式的人才,采取通才教育,即通过让学生学习和掌握大部分知识,使其适应就业市场的变化与要求。在这一时期,针对课程管理的教育制度相对宽松,学生可以通过很多途径毕业。例如,学生在校期间完成全部领域知识学习并且通过考核,或者学生通过听课的方式掌握了老师讲授的知识并达到课业考核要求,又或者学生以全日制的形式在大学持续学习若干年,通过考核毕业。这些方式虽然已经不符合现代大学的要求,可是它们是每个不同时代,教育管理制度对时代变迁所做出的适应。因此课程管理制度既要符合大学的价值观、定位,又要适应时代要求,处理好有限性与无限性之间的矛盾。

四、课程评价制度的完善

完善课程评价体制,提高课程编制质量,首要任务就是完善对课程编制质量的评价。高校应当建立相应的管理与评价制度,如课程评价制度、课程审议制度、教学管理条例、激励制度等,管理阶层、教师和学生必须明确各自在学校管理中的责任与权力。同时,高校可以成立由社会人员、相关专家、学者、教师代表和学生代表等组成的学校课程评审委员会。由委员会具体负责制定相应的评价与管理制度,检查和督促高校课程开发的执行情况,对课程编写的质量做出客观公正的评定,并对学校课程管理中的重要事项做出决定。只有这样,才能确保高校课程编制的质量。

课程评价手段从单调向多元现代转换是基于课程多样性而演化的,它遵循的逻辑是高等教育课程教学依据不同的特点有不同认知,因教师的不同特点生成不同教学模式,在不同教学模式下根据教学风格、对象的不同延伸出不同教学方法,从"因材施教"的角度考量课程评价。课程评价的多元现代化的核心诉求是课程资本教育性的人文关怀和课程资本资产经营性的效益效率。不同的课程评价指标体系关注的课程发展点不同。从学术方面看,课程在专业、学科的概念下,不同流派具有不同特点,学科本身具备发展趋势,教师的课程需要在表明自身观点的同时引导学生自觉探索课程的不同流派观点。从课程民主方面看,课程评价指标体系应以学生为中心。课堂的指标体系可以更多关注师生互动、学生尊重、和谐包容的课程生态、启发性重于传教性等。从学生学习的方面看,重点应该关注学生的自学多过被动学习,即学生主要通过课程教学培养自学能力和独立思考的能力。在创新方面,只有教师的独立创造性教学才更能感染学生的自主独立创新。从不同课程评价指标体系则可以关注到课程评价的不同方面,采取可行性评价方法就需要多元且现代。定性与定量方法,自评与他评,形成性评价、诊断性评价、总结性评价等方法需要结合使用。课程指标体系的丰富复杂决定了课程评价方式既要多元多样又要注重效率,只有充分发挥多种评价方式的优势,形成互补效应,才能最大限度保障课程评价结果的客观、公正、有效。

五、多方力量参与高校课程管理

我国大学内部的管理体制和组织制度实行的是党委领导下的校长负责制,参与课程管理的主体是院系的主要领导和相关教育管理部门的人员。近年来,随着高校教育开放性的增强,部分教授、专家也开始参与进来,但是其他外界人员参与较少。如果学校的课程设置不能跟上社会发展的节奏,那么高校所培养的人才迟早会被社会淘汰。高校如果想增加开放性,增强对社会的适应性,就应该与社会之间多发生接触。如果社会上的一些企业、学术团体等能参与学校的课程管理,为课程设置提供一些好的建议,对课程的实施进行全方位的监督,那么必定会对高校课程管理质量的提高起到极大的促进作用。

第三节　高校学生管理创新发展的现状分析

一、贯彻以人为本的理念

高等学校的管理充分贯彻落实以学生为本的管理理念,围绕学生来展开管理,重点关注学生对管理工作的满意程度。在管理工作中应结合学生的特点、兴趣爱好及家庭情况等因素在管理方面采取因人而异的管理模式,充分考虑学生的性格特点及思想观念问题,对高校学生进行有针对性的个性化管理模式。

熟悉大学生的特点,要注意引导、注意方法、注意方式、注意说话的态度,不能简单粗暴,要以德服人、以理服人、以情感人,要学会运用心理学疏导学生,不能强压灌输式教育。该强化的时候必须强化,该弱化的时候要适当弱化,要注意强化和弱化的正确使用,不能乱用,否则会产生不良的后果。

二、具有完善的管理制度

一些高校的学生管理规章制度比较杂乱,不能有效地管理学生日常生活,学生工作干部数量明显满足不了学生的需求,因此建立一套完整有序的管理规章制度是首要任务。完善的管理制度能够约束、引导学生的行为,使学生在自我管理方面得到提升。国家及省级教育行政部门应建立完善的配套学生管理制度,学校也应建立学生与教职工的配套管理规章制度,两者的结合才能成为完善健全的高校学生管理制度,因此就目前高校的普遍现象来看,高校应该尽快建立健全管理制度以便有效地管理学校。

三、充分发挥学生能动性

一般高校学生都处于从属和被动的位置,被直接领导和辅导员监管着,这种情况容易导致学生的管理工作不到位。因此学生管理方面应该实施以"学生工作处"指导为主,辅导员为辅的以学生自治为中心的学生管理模式,这种模式可以提高学生的自我管理水平,加强自身的约束力及管制能力,学生既能学习到知识又能增强自我锻炼,主观意识和责任感也随之加强。

现在的大学生很有想法,也很有见解,容易接受新思想、新观念。因此要给他们锻炼机会、发挥大学生的主观能动性,采取他们熟悉的方式接受教育,这样效果会更好。还要发挥学长学姐的引导作用,锻炼班委,形成较强的班级凝聚力,真正达到发挥学生能动性的目的。

四、思想政治教育方法多样化

如今管理学生不能再用原来的方法思路,要走进学生群体,接近学生,熟悉学生,了解学生,了解他们的共性和个性。思想政治教育是长期工作,是"润物细无声"的,不能一蹴而就,而要靠全体教育工作者共同完成。应把思想政治教育贯穿始终,进课堂,进头脑,要做扎实,要让学生接受,采取一种学生熟悉并且能接受的方式,使其多样化、灵活化、简单化、明了化,不要太复杂。要让辅导员真正发挥他们的作用,发挥思想政治教育作用。

(一)抓小放大和抓大放小相互结合

教师应抓住主要矛盾,该放手必须放手,放心让学生干部去做。大小事情教师要清楚,什么事该交给班委去做,什么事不该交给班委去做。生活中的小事情,要让学生学会观察、了解。该抓的去抓,该放手的放手,让学生去做,不越俎代庖,要相信学生。现代大学生在很多方面都能做得特别好,而教师只要引导就可以了。

(二)深入学生、了解学生

教师应结合学生的一些实际问题,让学生参加自我管理,领会到学生管理的重要性。接受这种教育模式,不能只在表面下功夫,而要结合学生的实际情况、家庭情况,深入学生,走进学生。要了解学生的个性和共性,有针对性地召开主题班会、感恩教育、爱国教育,组织"不忘初心、牢记使命"活动,展开大学生人文教育、大学生爱情观教育,正确引导大学生健康成长,鼓励学生把更多的精力投入学习。要加强大学生的世界观、人生观、价值观教育,使学生客观、公正、全面、辩证地看问题,用历史的观点去看待问题,不盲目跟随,也不要人云亦云,要有自己的见解。教师要站在学生的角度去思考一些问题,不要强制灌输,要循序渐进,要注意方式方法。不要简单粗暴,要有温度,也要有力度,让他们爱国、爱校、爱家、尊敬长辈、尊老爱幼,发扬中华传统美德,理性抵制外来文化的糟粕,取其精华、去其糟粕,从而增强文化自信。

(三)发挥榜样的力量

要发挥各种奖学金获得者和党员先锋队的带头作用。高年级学长带动学弟学妹,发挥学生的主观能动性。通过社团实践、企业实习、培训机构合作、假期实习、校企合作等活动,发挥榜样作用,达到学生管理创新发展的效果。

要使学生理解中国自信、中国元素,了解中国在世界上取得了辉煌成就,有使命感、责任感、担当精神,去为明天而奋斗。这样,学生管理创新发展才能开展得有声有色,落到实处。

第四节　高校教师管理创新发展的现状分析

一、教师主体管理现状

(一)政府管理为主

政府管理为主通常出现在一些办学水平落后的地方高校中。在这种管理体制中,政府的行政性规章制度支配着高校日常的教师管理,而高校本身缺乏具有自主性的管理模式。根据人力资源管理原理可以知道,管理信息链的断落会导致管理的失效。虽然以政府为主的管理体制是具有较强的约束力的,但是这种约束力仅仅是建立在表面的现状上,而不依赖现实,所以会导致教师管理失误现象的产生。再者,由于高校缺乏管理的自主性,长此以往也会导致其教育管理能力下降,会导致教育管理主观性的丧失。总之,在以效率为判断标准的管理体制中,这种管理体制是缺乏合理性的。

(二)高校管理为主

在我国高校管理为主是一种比较常见的,也是被一般高校认可的管理模式。高校与教师两个主体之间的管理渠道具有直接性,信息沟通具有即时性,所以高校管理体制能够根据实际的情况制定相应的教师管理机制。由于了解了教师相应的需求、发展的深度和广度,所以这种体制容易被广大教师接受。但是这种体制不是游离于国家管理范围之外的,它也必须接受政府的监督和建议,从而规范高校管理体制的运行。有时政府的相关政策法令也会起到微调的作用,从而避免不切实际的管理体制的负面作用。

(三)教师为主

能够体现教师的主体性,是教师为主的管理体制最大的特点,也是教师管理体制最优化的表现。在一些民办高校中,它以董事会的形式出现,只不过其作用没有充分发挥而已。由于学校的日常管理都是基于教师的意愿进行的,所以能够获得教师的支持,就能广泛且高效地开展高校管理工作。从教师本身的角度来看,不仅调动了教师的积极性,也便于形成全民参与的民主氛围。从管理者的角度来看,可以避免一些管理"死角"的出现,从而起到推动教育发展的作用。总之,教师为主的管理作为一种高级的管理模式,它的优点还是多于缺点的,缺点也是可以克服的。

通过上面三种管理体制的分析可以发现,要想提高管理效率,教师在管理体系中角色定位必须恰当,教师的主体意识不能被管理者忽视。毕竟教师是构成高校教师管理体制的主体,倘若过分强调"管"的因素而忽略了"参管"和"被管"的因素,那么就很有可能使整个管理体制受到一定的斥力作用,而不能发挥最大化的功效。

二、教师聘用管理现状

教师聘用管理涉及教师地位的问题,也会影响教育事业发展的根基,它是否稳定是与教师的发展和教育的进步息息相关的。

(一)教师终身聘用制

教师终身聘用制使教师能够很好地安心于教育教学工作,但是在竞争意识强烈的当代社会,高校无法逃避竞争意识的冲击。从宏观角度来看,学校也是一个微型的社会,具有人类社会具备的一些特性,如竞争性和等级性。因此教师终身聘用制能够使教师安身于本职工作,但是同时抑制了教师的自我发展的动力。一个缺乏发展和更新的教师团队,教育的质量是得不到保证的,这与大学教育的"大"的本质是背道而驰的,也不符合现实的社会发展的要求。所以这种体制的存在不应该是针对所有的教师团体,而应该有选择地对那些有学问的学者、专家或教授施行,能够很好地保障他们不断进行学术研究的动力。

(二)教师合同聘用制

教师合同聘用制是采取教师素质是否合格与教师职业是否聘用相结合的用人体制,这种体制有一定的先进性,体现了相对公平的社会分配原则。从教师的素质方面来看,它能够促进教师不断提高业务能力,从而推动整体教育事业的进步。同时,处于这种用人制度下的教师群体的能力能够得到充分的发展,如管理能力、教育能力等。一旦教师获得了相关的发展,其也就没有必要担心用人制度的束缚,而可以到更加广阔的用人空间施展才华,这对促进我国高校教育的整体水平提升是具有相当大的作用的。不过,教师合同聘用制也在一定程度上限制了教师的自主性,磨灭了一些具有个人教学特色的内容。如果教师的工作对象或场所具有随意性,也不利于教师的进一步发展。所以说,这种聘用制度犹如一把双刃剑,需要将相应的措施与之配套,才能发挥好的作用。

以上两种聘用制度都不应该单独成为高校的用人方式,两者应该是互为补充和并存的。对于那些在合同聘用制下能够较好展现能力的教师,应该将其转化为终身聘用制,为其更好地发展提供保障,从而保证教育质量的稳步提高;对于那些终身聘用制下无法发挥才能的教师,改变其用人制度,促进其发展。这样两者结合就起了很好的动态管理效果。

三、教师保障管理现状

教师保障管理涉及与教师的经济利益相关的体制和措施,主要反映在工资、福利等待遇上,目前的高校保障管理也随着其他方面的改革呈现出多样性。

（一）包干制

包干制通常针对一些有贡献的教师或领导成员,他们的工资与福利待遇相对高,如医疗费用报销额度等;补贴不与实际的工作业绩挂钩,而是与职位和贡献衔接;工资也不以工作量为基础。这种制度提高了一些高层次的高校成员的工作努力程度,但是也具有一定的随意性和放任性,可能会助长一些不正之风。

（二）定额制

定额制是指一些教师的工资与福利待遇是固定的,限制在一定范围内,不受实际情况的变化而变化,不具备伸缩性,容易滋长"干多干少一个样,干与不干一个样"的惰性工作氛围,在某种程度上带有不公平性,抑制了教师努力工作的程度。另外,一些与实际情况出入较大的经济上的定额也会给教师造成生活上的影响,从而牵涉其工作质量。

（三）缺额制

缺额制主要适用于一些进行人事关系代理的教师,但这种保障制度实际上是缺乏合理性的,也给教师造成了心理上的不平衡。对一个经济性的社会人来说,基本的生存保障是必须具备的,但是高校管理的力度,使其具有了强迫性,这也就会导致教师惰性长期存在。

上述三种保障制度各自都有缺点和优点,应该采取相互融合的手段,克服彼此的缺点,发扬各自的优点,从而起到促进教师发展的作用,否则所谓的教育教学质量的提高也只是流于形式而已。

目前,我国的社会正处于经济转型期,许多领域正在进行追求效益最大化的人事改革。在这样的社会背景之下,针对高校教师管理的改革也处于新旧交替的转折点。为了摆脱传统管理体制的局限性的束缚,促进高校教育质量的提高,也为了激励高校教师的自我发展,我国的一些高校在 20 世纪 90 年代开始了以先进的管理理念为基准的改革措施,但是一些缺乏竞争意识的高校的管理水平还是停留在相对不发达的程度。通过对教师主体管理、教师聘用管理、教师保障管理三个方面的概括和分析,可以发现我国的高校教师的管理要采取适当的策略将多方面的因素中和,然后通过实践寻找最佳的平衡点,以期实现高标、高效、高能的教师先进层次目标,这样才能体现高校管理的协调性。一旦在高校教师管理体制中缺少有效的管理机制,如约束机制、激励机制、发展机制,那么教师的发展就无法保证,更谈不上高校教育的发展。所以,高校教师的管理必须以教师为本,与实际结合,然后实施具有实效的管理方法,才有可能实现高校教育的可持续性发展,才有可能实现高校教育的创新和谐发展。

第五节　高校行政管理创新发展的现状分析

一、行政管理体制和观念存在弊端

当前,我国的高校行政管理模式上有一定程度的弊端,其主要表现为机关的设置经常出现重叠现象,因此造成有关部门的职能有所重复交叉。从而导致在行政部门中,人浮于事的现象普遍存在,行政人员的办事效率低下,以形而上学的观念对待工作,相关信息出现阻滞,失去了及时性。因此高校行政管理的改革应该从制度入手,采用岗位责任制。换言之,其是通过学习现代企业经营管理的思路,参照经营管理的体制,并根据自身的实际情况来制定一系列措施,而不应抱着原有的管理模式不放。

二、行政执行能力较弱

在行政管理的过程中,行政的执行是其中必不可少的环节之一,起着十分重要的作用,也是最为重要的行政活动,其主要体现在目标的管理和决策的实施等方面。行政执行作为一项重要的行政管理活动,它的目标导向具有明确性,需要反复经历一系列的劳动过程,并在执行过程中时刻贯彻行政意志,在时间上也具有较多的要求和限制。这些性质都是由行政执行自身的特性所决定的,如行政执行具有较强的目标性、经常性、务实性、强制性和时效性等多种特点。正因如此,行政执行被视为实现行政管理目标的重要手段,也是高校行政管理在实施中的出发点。如果在行政上缺乏强有力的执行力,那么即使决策再正确、再合理,所谓的改革也无从谈起。由此可见,要想在行政管理中提高决策的执行力,关键在于对行政执行要有充分的认识和理解,这样才能正确合理地对其进行利用,从而达到高校教学与行政管理的目标。

三、行政管理决策机制单一

集体智慧和客观实际往往是正确决策的重要来源,其中集体智慧本身在民主与科学精神的健康发展方面起着推动作用。集体智慧主要体现在重大问题的决策上,只有在会前进行深入调研,会中开展广泛求证,会后进行必要的执行追踪并监督指导,才能真正做到科学地进行行政管理。然而,有一部分高校存在决策多、执行少,开会多、落实少,布置多、检查执行指导少等现象,因此,高校必须在决策机制上进行重建和完善,才能从根本上杜绝这种不良状况的发生。改革决策机制,则应将集体智慧贯穿整个会议。首先,在会前应将会议的决策提纲事先发到每个与会人员的手上,让其对决策能够有足够的思考和充分的讨论。其次,在整个会议过程中都要贯彻决策民主,做到人人平等,让每个与会者都能广开言路,平等、充分地表达自己的意见。最后,对于会议中出现的不同声音和意见,要善于听取并采纳合理的意见,以宽容的态度来进行正确的处理。

总之,在高校行政管理方面,实行行政管理现代化,并不仅仅是对以往的管理模式在形式上的简单改变,而是要更好地达到行政管理存在的目的。实现行政管理存在的真正意义,是能够更好地承担起为师生服务这一使命,进而达到发展科研学术、培养合格人才的最终目标。高校行政管理部门应该在开放型机构发展的基础上,在发展方向上遵循民主化、科学化、现代化的原则,深入开展改革与创新的工作,从而在根本上提升高校的行政管理水平,最终促进我国教育事业的发展。

第四章　高校教育管理的创新路径

第一节　高校教育管理人性化与法制化

一、高校教育管理人性化的内涵

(一)教育人性化的含义

教育要人性化是一种全新的现代教育理念,它主张教育的要素、教育教学过程遵循人类的本性。教育人性化的目标指向学生的人性化教育,教育人性化本质上要求坚持"以人为本"的价值取向,是遵循人的发展规律的教育,是综合一个人知、情、意等精神范畴和生理范畴的统一体。教育是一种指向人的特殊实践活动,是一种以培养人为目的的社会活动。没有哪个时代的教育探讨不是以其所在时代的人性假设为逻辑前提的,因此,可以说人性观决定了教育观。教育人性化是一种尊重人的教育,它注重激发和挖掘受教育者的潜能,让人不断实现自我超越,进而全面发展,这是一种迎合时代人性观的教育。

当今高校教育人性化有三个层次:最低层次,要求教育做到"三无",即学校教育中无詈骂、无威胁、无体罚,这是最起码的要求,做不到"三无"的教育是非人性的教育;中间层次,要求做到"三有",即教师对学生有笑容、有爱心、有亲情,这是教育具有人性魅力的条件,做不到"三有"的教育是缺乏人性、人情的教育;最高层次,要求教师充分满足学生的合理需求,充分挖掘学生的潜能,充分实现学生的个性发展。缺乏这种理想追求的教育,则是应然性人性(理想人性)完全让位于实践性人性(现实人性)的无人性信仰教育。

教育人性化理念就是从人的需求出发,尊重人的需要,包括生理、安全、社交、相互尊重、自我潜能发挥等。教育人性化的具体要求是制定每一种教育制度,做出每一种具体的教育行动,既要符合经济、政治以及文化的要求,更为重要的是以是否符合人性为尺度来衡量,只有当人性的价值尺度上升为评价教育活动的必备内在依据时,教育的人性化理念才会随着教育人性化层级的提高而获得升华。

(二)人性化在高校教育管理中的作用

1. 高校教育管理的人性化是适应经济社会发展的需要

高校教育管理制度的人性化越来越显示出重要性。社会主义市场经济的完善是价值和利益多元化的发展过程。人是市场经济的主体,完全的社会人要具备自我意识,具有自我选择和自我实现的能力,这是人进行独立思考和勇于创新的前提。同时,个性发展、勇于创新是社会主义市场经济对高校专门人才的基本要求之一。

2. 高校教育管理的人性化是精神文明建设的必然要求

青年是祖国的未来与希望,只有将青年的价值观培养好,才会形成高尚的社会风气,才能传承中华民族的传统美德。在人性化的教育管理中能否让大学生践行社会主义核心价值观,关系到社会主义事业建设的成败。

3. 高校教育管理的人性化符合高校素质教育的客观要求

素质教育与应试教育有着本质的区别。首先,二者的培养目标和着眼点是不同的,素质教育以培养人、教育人为最终目的,应试教育则更看重教育的选拔功能。其次,二者在教学内容上有区别,素质教育主张对不同的学生采用不同的教育方法,应试教育则以升学的标准来衡量教育成败。最后,二者的教育方式有区别,素质教育在课堂教学中以丰富多彩的形式来展现教学内容,应试教育则通常只围绕考试内容进行教学,导致教育方式呆板僵化、学生积极性差。由此可见,人性化的教育管理符合素质教育的要求。

(三)高校学生人性化管理的必要性

1.社会结构转变影响

近年来,人们的生活水平和综合素质方面整体明显提升,我国开始步入社会主义发展新时期。在新时期背景下,社会结构发生了巨大变化,人们的物质需求得到满足,消费观念剧烈变化,精神文化需求不断增长。高校学生作为学校和社会群体中的一员,在社会繁荣发展时期,更加重视精神文明带来的享受,这就导致社会经济发生相应变化。为适应这一变化,高校在进行人才培养中,应落实对实用型人才的培养。这就需要高校传统教学方式和管理策略进行改变,以帮助学生更好地认识社会发展形势,转变其价值观念,以此提升管理工作的有效性,加快实现高素质人才培养。对此,在社会结构变化情况下,应改变传统学生管理措施,提升高校学生管理的人性化程度,更好地满足学校发展和学生成长需求。

2.思想价值观转变

社会发展新时期,受环境、教学方式和信息获取方式等影响,高校学生在思想价值观念方面发生明显变化。现阶段,高校学生在成长中接受现代化复杂价值理念影响,学生进入高校开始进行独立生活,不同学生之间相互影响以及学校环境对学生的影响导致学生行为方式存在明显差异,这与学生思维不断变化有关。由此可知,环境等方面对学生思想价值观念有着较大的影响。为实现对学生的高效培养,降低负面因素对学生的影响,高校应提升对学生管理的重视程度,认清管理中存在的问题,从时代发展的角度出发,帮助学生进行思想价值观念剖析。

3.教育理念变革

随着课程改进的推进,高校在教育理念、教育模式和教学课程等方面均发生了明显变化。高校教育理念转变是满足社会经济新形势的必然要求,学生管理工作也成为实现高校人才培养的重要措施,这就需要通过转变教育理念对管理工作进行改革。在当前社会发展中,学生受互联网等因素影响,思想变化较快,高校应紧跟时代发展步伐,结合时代特征,落实对创新创业等思想的培养,促进学生实现个性化发展,培养学生独立自主的能力、个性鲜明的特征，以此提升学生的综合素质。在进行学生管理时，传统管理方式难以满足学生培养需求。根据新时期对社会人才的需求，应落实对学生的人性化管理，结合学生实际情况进行针对性培养，从而提升整体教育水平。

二、高校教育管理中人性化建设

(一)对管理工作者思想意识进行转变

高校管理者是执行高校管理工作的主要人员，对高校教育和管理起着重要作用，也是实现高校管理建设的主导力量，而管理者的思想意识则是决定其管理方式和效果的重要影响因素，对实现学生个性化培养具有重要意义。因此，在高校教育管理工作中，应对管理人员的思想意识进行转变，利用新方式解决各种存在的问题。尤其是在全面推广素质教育的背景下，必须对管理人员思想意识进行转变。

首先，高校自身应提高对高校管理方式的重视程度，并明确管理人员思想意识对高校管理的作用以及进行人性化管理的必要性。

其次，高校应为高校管理者提供能力提升机会，安排人性化管理知识培训，提升其对管理方式的认知，并引进成功人性化管理经验供管理者学习，同时，让学生与管理者进行交流和相互学习，提升管理者对人性化管理方式的认知和掌握程度，并在研究和应用中不断增强其思想意识，从而为学生提供更好的服务。

最后，应提升高校对人性化管理的认知深度。高校实施人性化管理，主要目的是营造良好的学习氛围，提升学生的知识水平，改善学生的精神面貌。要求管理者听取学生意见，将其作为创新教学方案和管理学生的重要参考，增强管理人性化程度。另外，高校教育管理制度中的民主平等是制度人性化的前提。高校管理制度要适应所在地区的特点，有自己的声音，有自己的定位，摆脱不适应自身的制度束缚。只有在制度上进行基于民主、平等的创新和改革，找到适合该地区或者该校的管理制度，才能缓解高校管理存在的问题。

(二)树立以人为本的课堂教育理念

课堂的真正主体是学生,只有确立学生的主体地位,才能有效推进高校教育管理制度的建设。有效的课堂教学是建立在平等、民主、尊重的基础上的一种启发式教学,应建立以培养学生自学能力和实践能力为主的新体系,制定以学生为主的人性化管理制度,把培养学生的能力、调动学生的积极性作为教学质量评价的最重要的标准,为学生提供自我表现的机会,使学生能够通过讨论、交流等形式发挥自己的主观能动性。

另外,应将激励作为高校人本管理的新途径。管理学认为激励是管理的核心,也是人本管理的核心。心理学家佛隆提出期望理论,认为人总是渴望满足一定的需要和达到一定的目标,这个目标反过来又激发一个人的动机。这个理论说明每个人都会有一种获取成就的期望心理,在高校工作的教职员工也是如此。所以,高校应建立灵活的激励机制,提高教职员工的积极性和创造性,为高校教育管理制度注入活力。在聘任制中坚持公平竞争、择优上岗的原则就是一种很好的激励方式。

教育作为学生管理的重要环节,在实际教学中要落实人性化管理方式,提升整体管理效率。现代化教学应重视对学生个人能力的培养,在进行个人能力培养时需要做好对学生自信心与创造力的培养;在人性化管理工作中,应将人格与个性培养作为重点内容,不断为现代社会培养更多创新型人才;在具体教学中,应结合当前实际,因材施教,鼓励学生进行不断创新,逐渐实现个性化发展,同时积极鼓励和指导学生自主进行发散创新思维训练,结合实际情况分析多方面问题,以此提升管理水平。

(三)健全人性化管理评价机制

人性化的管理制度对推动高校管理工作进程起着良好的促进和指导作用,因此,在实施人性化管理时,应先制定或健全人性化管理评价机制。首先,教师应在已有管理方式基础上,结合实际情况和高校教育人才发展的需求,对管理制度进行调整,杜绝采用生拉硬套的管理办法,要落实人性化管理,利用该管理方式的优势,增强对学生的管理效果。其次,为确定管理效果和管理水平,应制定高校管理者绩效评价机制,将人性化管理内容作为管理工作绩效评价指标。最后,在日常管理中落实人性化管理,以此提高学校管理水平,建立与社会发展相适应的新型管理格局。

(四)加强师生间沟通交流

在人性化管理实施中,为满足学生需求,管理人员应通过与学生沟通,形成良好的互动关系,提升学生对教师的信任与认可,鼓励学生主动倾诉心声,以此掌握其需求,为进行人性化管理打下良好基础。同时,在管理中,管理人员为提升管理人性化程度,应从学生角度出发,通过换位思考的方式,明确学生需求,并在此基础上落实人性化管理。

高校学生管理工作中,涉及管理内容较多,难度较大,并且有较高的要求,应将保证学生健康安全和快乐投入大学生活和学习作为重要任务,以学生为中心,通过各种有效措施帮助学生释放激情和创造力,逐渐建立符合新时期特色的人才培养方案,满足学生发展和高校教学要求。现阶段需要提高对管理人员的重视程度,掌握人性化管理方式,并利用各种有效措施,落实对高校学生的人性化管理,提升高校教育管理整体水平。

三、高校学生管理法制化的意义

在传统专权的管理体制的影响下,教育者往往习惯于自己的主体地位,强调对于学生的绝对领导和绝对权威,不能容忍反对及质疑的声音。如今大学生的权责意识、法制观念随时代发展不断更新和强化,这种传统的、老旧的、不平等的教育、管理方式慢慢不被学生所接受,反对、抗争的声音不绝于耳。因此,高校学生管理工作的法制化改革刻不容缓。

(一)有助于提高高校依法治校的管理水平

社会各界对于"依法而治"都有其独到的见解,在落实这一点上也有各自独特的方式方法,对于教育领域而言,依法治校是重要举措。在学校的管理工作中,人的管理毋庸置疑是最重要的,学生管理是学校工作的第一要务,依法治校就是要依法管理学生。我国高等教育由于存在一些机构设置不合理、职责划分不明确、工作效率不积极等问题,因此管理效能不足、收益不高。学生管理法制化,可以有效杜绝上述不良现象的产生,促进高校的良性发展,提高高校的办学效益。

(二)有助于增强学生的法制意识

社会法制化是市场经济的重要土壤,而自然辩证法说明了思想对于行为具有先导作用,法制意识是遵守法律的理论先导。在社会主义市场经济中,当代大学生既是主力军,也是生力军,所以高校对于大学生的培养远不能拘泥于传授科学文化知识,同时有责任和义务增强大学生的法制意识,两者有机结合才是大学生在社会立足的根本。实现高校学生管理法制化,可以使当代大学生深入社会法制化发展的内部,使他们对法制的感受更加理性化,有助于其成为中国特色社会主义事业的接班人。

(三)有助于平衡高校与学生之间的关系

在传统的教育体系中,学生是教育的客体,当代大学生获取资讯更便捷,有可能出现将心智不成熟误作个性独特、将过于自我为中心误作思想前卫的情况。因此在大学教育中,需要将学生作为主体看待。也就是说,在高校的学生管理工作中,需要做到以学生为中心、以学生为目的、以学生为导向;需要注重保护学生的权利和义务,将关怀和关心学生作为学生工作的主旋律。应成立学生自治组织,鼓励学生对于一些简单常规的事务进行自治自理,同时不可过度,对于涉及原则性的,或者学生不具备自治能力的事务,要明确并由学校依据相关规章制度进行严格管理,并建立健全的沟通、反馈机制,即高校学生管理应权责明确、张弛有度、有节有界,既不可一味放权,做"甩手掌柜",也不可限制过当,以免打击大学生的主观能动性。

四、高校学生管理法制化的具体实践

要实现高校学生管理工作的法制化,方法得当、举措得力是教育管理者工作的重点。可以把教育部等行政主管部门的文件精神作为理论依据,结合学生管理工作实际,从以下四方面探索学生管理工作的法制化。

(一)健全相关法律法规和管理制度

法律法规体系的完善是一切法制化进程的基本前提,高校学生管理工作的法制化离不开成熟的教育法规基础,这些法律法规既是教育管理工作实施的标尺,也是教育管理工作前进的基石。每所高校都有其学生管理条例、考试管理条例、后勤管理条例、违纪处罚条例等,这些常规制度规范了教育者、教育管理者和学生的行为,它们从属于各级高等教育法规,既体现了法律法规约束功能的共性,又有涉及对象、实施领域的个性。只有法律法规、实施细则和规章制度相互配合、相互完善、相得益彰,法制才是完善的、成体系的,法规的实施才有明确而具体的标准。

诚然,在我国的教育法律法规体系中,无论是《中华人民共和国高等教育法》等相关法律,还是教育部发布的《普通高等学校学生管理规定》等教育相关部门出台的行政管理规定,都为高校学生管理工作提供了坚实的理论基础和实施依据,但依然不能够完美地覆盖有关教育教学的各方各面,如高校对学生管理的权责界限、学生与高校的纠纷处理方式都属于没有涉及的灰色地带。这显然会阻碍法律法规的统一性和正确性,影响各类法律法规、行政管理规定的有效实施,对于高校的学生管理工作是不利的。因此在实施和执行过程中必须考虑具体情况,制定相应的实施细则、规章制度,以便更有效地执行。

(二)完善高校法制化管理的方式和方法

要实现高校管理的法制化,就必须提供一系列具象化、法制化的管理、反馈和调节机制。例如,许多高校的学生管理规章和规定中都增加了学生处理的申诉机制,当大学生感到自己的合法权益被侵害时,可以通过具体、明确的方法、途径向学校表达自己的异议和诉求,这就是高校法制化管理的具体体现。学生、学校的权责都有明确的依据,通过合理途径对于涉权问题进行申诉和处理后,学生如果对处理结果存在异议,可以通过正常渠道向上级教育行政主管部门申诉,也可以要求社会第三方介入,如求助仲裁机构申请仲裁,甚至向人民法院起诉等,这些做法对于合理地处理学校及学生之间的权责纠纷和矛盾冲突,体现法制的权威性和公信力有积极的作用,一方面维护了学生的合法权益,另一方面也间接为高校免除了后顾之忧。同时,高校学生对于学校来说属于相对弱势的群体,基于这一客观因素,高校有义务为学生提供法律帮助及法律服务,进一步增强其法律手段,提高其维护自身合法权利的能力。

(三)强化教育各界的法制观念和意识

法制的建设不仅仅是司法部门的义务,更与社会各界都息息相关。教育各界都对法制有足够的认识,高校学生管理工作的法制化才能有肥沃的土壤。学生对于学校来说属于弱势群体,当自己的合法权益受到侵害时,弱者心态会阻碍学生合理维护自己的权益,并且一些学生对于法制的认知也不足以支撑其站起来维护自己的权益。相反,学校拥有学生个体所力不能及的资源、权限和社会影响力等,如果高校管理者法律意识淡薄,其有可能利用这些资源、权限和社会影响力操纵事态的发展、逃避学校应该承担的责任和义务。这种现象对于学生与学校的权责纠纷的处理是十分不利的。因此,教育各界在学生管理工作中都需要强化法治意识,学校、学生管理工作者应树立正确的法制观、正确使用法治手段、积极对待法律赋予其的权利和义务,而学生要摒弃弱者心理,用法律武装自己,既要敢于维权,又要善于维权、合理维权、依法维权。

(四)重视高校法制教育与网络结合

近年来,受网络技术发展的影响,以微博、抖音等平台为代表的自媒体充斥着人们的生活,它们深刻影响着当代学生的生活和思维方式,也给高校学生管理工作带来了巨大挑战。高校学生心智不成熟、阅历不丰富、判断不客观,在虚拟的网络世界非常容易丧失理性,片面、偏激地了解问题、发表言论,甚至做出伤害自己和他人的行为。这些因素都有可能成为高校甚至社会的"定时炸弹"。不可否认,网络已经成为高校学生管理工作的新挑战,因此高校学生管理工作必须顺应时势,对网络空间,尤其是网络自媒体领域的法制教育重视起来。

第二节　高校教育管理的模式与创新

新时代对人才需求的标准不断变化,因而高校作为培养具有社会功能和内在素质的人才基地,必须改变以应试为主要特征的教育管理模式,进行教育管理模式的改革与创新,培养适应社会主义市场经济体制和时代发展的人才群体,突出高校在现代化建设进程中的战略地位,体现高校在提高全民素质和建设社会主义现代化强国中的核心价值。面对时代的变化和需求,我国高校教育管理要不断改革创新,并不断完善。

一、高校教育管理模式科学化的探索

高校教育管理是一项系统工程,需要严密而有效的组织、紧张而有序的工作,必须做到忙而不乱、井井有条。高校教育管理包含教学管理、科研管理、财务管理、教师队伍管理、学生管理、后勤管理、基建管理等方面的内容。随着经济社会的发展和高校办学的多样化,如何将这一系列的教育管理问题统筹起来,促进高校的建设和发展,是新形势下值得探讨的一个重要问题。

针对当前的新形势,许多高校已对其中普遍存在的问题和原有的弊端进行了诸多有力的探索,如在管理思路和观念更新方面做出了许多有借鉴意义的探索,在教育管理模式改革的方向和途径上也做了大胆的尝试。

(一)针对科层式管理体制弊端进行的探索与实践

进入 21 世纪后,教育民主化思潮日益深入人心,传统的科层式的管理体制已经越来越不适应高校发展的需要,因此科层式高校管理体制的改革势在必行。只有打破高度集中的科层式管理体制,赋予广大教授、学者和教师应有的与学校命运休戚相关的管理权和决策权,才能真正提高管理效能,真正为学生创造一个适合他们发展的环境,高校的教学和科研工作才能得到长足的发展。我国高校的管理体制创新工作才刚刚起步,任重而道远。在新形势下,只有与时俱进、继往开来,不断创新管理体制,高校才能具备可持续发展的能力,管理体制才能真正对教育教学质量的实质性提升起到保驾护航的作用,才能真正引导、促进高校走向高效率、高效益的办学道路。

高校教育管理改革的方向和目标有以下六方面。

1. 简化高校的组织层次

高校作为培养人才的主力军,一般来说规模比较大,层次结构比较多,一定程度上影响了高校的运转速度,为此需要精简高校的组织层次。第一,在组织结构的设置上,要保留最低限度的行政管理机构,精简不必要的组织机构,以避免机构的重叠与膨胀。第二,在行政人员的配备上,要严格控制数量,挑选精干的人员组成学校的管理队伍,剔除那些"在其位不谋其政"的人员,以提高工作效率。第三,在管理工作的操作上,要简化管理程序,减少不必要的管理活动,让教职工专注于自己的本职工作,避免受到过多的行政命令的干扰。在这几项改革措施中,简化行政机构是关键,因为行政机构是开展行政管理的组织依托。

2. 将管理重心下移,放在院(系)一级

院(系)一级是高校教育管理的基础。应将管理的重心放在院(系)一级,尽量避免采取整齐划一的行政措施实行高度集中的垂直控制,注意发挥各基层的主动性,建立起自我调节的机制,加强协调和信息交流,更好地调动广大教学、科研人员的积极性和主动性。因此,高校应该建立"两级管理,重心在院(系)"的管理体制,把管理的重心下放到院(系)一级。

3. 决策民主化,建立依法治校、依法行政的高校教育管理新模式

高校教育管理体制的创新,必须建立在一个科学、完善的法制化管理平台上,这里所说的"法",既包括国家的法律法规,上级主管部门的指令、规定,又包括学校通过法定程序制定的内部规章制度。对于学校自己制定的各种规章制度,尤其是涉及广大教职工切身利益的规章制度,学校应通过专家咨询、群众参政议政来切实保证规章制度的合理性、代表性、可操作性。

4. 教育教学质量是高校的生命线

高校教育管理体制的创新,必须以提高教育教学质量为目标和出发点,营造师者乐于业、精于业、敬于业,学者好于学、勤于学、善于学的校园环境,否则,高校教育管理体制创新工作就会成为无源之水。

5.加强管理队伍建设

应加强思想教育,切实转变管理观念,从思想上牢固树立服务意识、管理质量意识,通过适当的制度设计和谨慎的革新策略,督促管理人员由被动改变向主动适应转变,这是做好高校教育管理体制创新工作的根本办法。管理队伍的整体素质是高校教育管理体制创新工作顺利开展的前提和基础。

6.落实既有制度,拓展师生参与学校管理的渠道

在高校教育管理工作中,不仅要改进既有制度,通过一系列有效的制度安排,使教代会和工会等组织的作用能够在高校党政领导的决策中得到真正的体现;还要把校务委员会变成学校重大决策的审议与批准机构,重点是有教师参与,并吸收一定比例的学生参加,使各方都有机会发表自己的建议或意见,管理者在管理过程中充分尊重每个人的权利,发挥他们的积极性,提升学校的管理水平和办学效益;要拓展教师和学生参与渠道,学校的重大决策应及时通过公示栏、校园网等各种方式公布,同时由职能部门解释与决策相关的问题,并重视教师、学生对决策的反馈意见。

(二)在高校实行目标管理的探索与实践

目标管理最早是应用在企业中的一种行之有效的管理方法,是一种全新的管理手段和方法。学校目标管理是学校教育管理对企业管理思想的引进和应用。20世纪80年代,我国一些学校管理者开始运用目标管理思想来指导管理实践,目标管理这一现代管理思想和管理方法逐渐成为包括我国在内的当今世界各国普遍流行的学校教育管理模式。

高校推行目标管理适应我国高等教育的发展,具体表现在以下六个方面。

1.目标管理的本质体现高校"以人为本"的管理理念

科学的管理方式是提高工作效率的重要保证。向科学管理要质量、要效益,必须改进管理方法。由于受到传统教育观念和思想的束缚,加上近年来高校的办学规模不断扩大,高校管理难度逐渐增加,一些高校管理

者只注重制度的约束力,不注重政策的传达,忽视对自身特点的挖掘。要走出这种困境,就必须在管理方式上下功夫,立足本校实际,探寻一条情理交融的新型的学校教育管理之路。

目标管理是建立在"人性"假设基础上的一种管理理论,其非常重视人的管理,重视人在管理中的作用。高校教职工绝大多数具有较高的文化水平,自身对科学管理理念的认识相对较深,自我管理能力较强,这些都为目标管理在高校的实施提供了很好的基础,实施的过程也更能体现"以人为本"的理念。

2.目标管理理论的价值判断符合高校对院(系)管理的目标追求

在高校推行院(系)目标管理,可以更好地强化各院(系)的管理意识,规范教职工的管理行为,从根本上解决传统管理中"分工难合作、权责难统一、奖惩难把握"的弊端,促使院(系)领导提高管理水平,积极主动地谋求目标的实现。

3.目标管理评估的科学性能为高校教育管理带来一定的成果效应

根据学校整体目标和任务转化分解而成的各院(系)成果目标,既是院(系)工作的努力方向,又是学校指导、检查和考核各院(系)工作的依据。一方面,通过目标分权体制,学校根据分解目标内容在一定范围内给院(系)以办学自主权,使各院(系)充分实施自主管理,发挥潜能,谋求发展;另一方面,通过目标管理,定期检查目标进度,考核目标完成情况,评价院(系)的工作绩效。这种管理方法有利于形成院(系)独特的成果效应,有利于充分调动每个管理者乃至教职工的积极性、主动性和创造性。

4.目标管理能更好地提高管理效率

管理工作主要有统一思想观念、协调人际关系、开发人力资源三种目标模式。统一思想观念模式建立在教育与被教育的等级差序关系之上;协调人际关系模式强调在尊重人格的基础上的双向交流;开发人力资源模式则以现代信息社会为时代背景和前提假设,以培养和激发创造力,开发利用人才为目标,着力于各方面的共同参与。目标管理通过各种要素的结构优化,加深了对要素的准确把握,从而大大提高了管理工作的效率。

5. 目标模式的建立使管理工作的目标具体化、规范化

建立目标管理模式理论,就要指导人们从具体实际出发,确定可行的目标,并围绕这个目标,确定战略部署,选择有效的途径和方式方法,制定评价标准,收集反馈信息,并不断根据具体情况做出调整,从而建立行之有效的目标模式调控系统。

6. 目标管理适应高校组织结构运行机制的要求

目标管理作为科学管理的有效手段之一,通过目标的制定、任务的分解、职责的分工、督促检查等流程,最终实现目标。这种强调结果、淡化过程的管理模式,较好地适应了高校的组织结构和运行机制。

二、高校教育管理模式创新的基础

高校作为人才培养的基地、知识创新的摇篮、科技成果产业化的动力之源,其自身是一个复杂的社会子系统,这个子系统的人员构成主要包括教学人员、学生、管理人员、教学辅助人员,这些人员组成了一个密不可分、相辅相成的整体,共同完成高校培养人才的根本任务。教师和学生是学校发展的主体,管理和教辅人员为他们服务,两者缺一不可。因此,管理人员素质和能力的不足,会引起箍桶效应,导致人才培养这个木桶散架。高校教育管理的服务功能体现在科学、合理地配置、优化高校内部各类教学资源,协调并消除影响高校可持续发展的外部制约因素,通过追求管理效率和管理效益的最大化,最终营造出促使人才培养质量不断提高的校园环境。高校作为知识分子集中的地方,其日常管理既具有一般管理工作的共性,又具有特殊性。因此,在讨论高校教育管理体制创新之前,必须对高校教育管理的特殊性有深入了解。高校教育管理的特殊性体现在三个方面:第一,实行"柔性管理",辅以"刚性管理"。由于管理对象的不同,高校管理必须实行"柔性管理",辅以"刚性管理"。对于高校中

知识分子群体的管理,除了满足其物质待遇的要求,更要强调事业留人、人尽其才,给他们提供一个自由施展才华的舞台,通过人事制度、分配制度等各项管理制度,充分调动他们工作的积极性、主动性。第二,必须具备现代管理意识。高校教育管理必须具备现代管理意识,粗线条、简单化的管理无法满足高校发展的需要。决策作为管理的基础和核心工作,在高校教育管理中起着决定性的作用。因此,高校的决策机制要强调全员参与性、民主性,强化广大教职员工对学校各项工作的参与意识、主动意识,同时应尽可能地简化决策程序,增强决策程序的科学性和决策机制的高效性。第三,充分尊重学生发言权。学生作为高等教育的受体,对高校办学质量的好坏有直接发言权。所以高校教育管理工作应落实到学生,以提高人才培养质量为目标,建立对学生需求灵敏、高效的反馈机制,切实提升学生的主体地位,避免管理在上、学生在下的现象,真正实现管理育人。

基于对高校教育管理工作特殊性的认识,高校教育管理体制的创新基础应包括三层基本含义:第一,以提高管理质量为着眼点,强调质量意识。管理质量包括管理效率和管理效益两层含义,高校必须通过制度创新,真正实现集约化、知识化、科学化管理,通过有效的奖优罚劣机制,充分调动教职员工工作的积极性、主动性,进而实现人才培养质量实质性的提高。第二,以人为本,树立服务意识。强调现代人本管理思想的精髓,针对知识活动的特点,强调尊重人才和服务意识,建立管理部门和广大教职员工之间的对话和交流机制,将尊重知识、尊重人才的理念落实到实际工作中去,最大限度地发挥教职员工的创造力。第三,高校作为"科教兴国"的主力军,科技成果产业化、增强高校知识创新能力也是其管理机制必须实现的重要目标之一。从国内外的发展状况来看,创新的管理体制是实现高校科技成果产业化的加速器,可以起到事半功倍的作用。高校始终是科技产业化的动力之源,肩负着知识创新的重任。管理体制的创新,就是要通过管理体制的协调、引导、激励作用,积极促进高校知识成果向产业化方向转变,实现教学、科研、产业的同步发展,使高校成为高新技术产业化的摇篮。

三、"和谐＋特色"的高校教育管理模式

(一)"和谐＋特色"的高校教育管理模式的内涵

"和谐＋特色"的高校教育管理模式的核心概念和价值体现归结为"和谐统一、特色发展",其具体内涵是为适应社会主义市场经济和时代变化的需求,从高校教育培养和高校自身发展角度出发,实施高校创新教育管理模式的变革,使高校的"党政教学"形成和谐的有机统一体系,从而形成使高校自身和培养对象共同发展的现代教育管理模式。此模式以人才素质教育和培养创新能力为宗旨,以高校自身发展为时代走向,以学教管为和谐经线,为社会提供特色服务和特色人才。

"和谐＋特色"的高校教育管理模式的终极目标体现在以下相互关联的两个方面的内容中。

1.和谐管理促特色学校

管理在学校工作中居主体地位,它对整个学校的工作起着计划、组织、指挥、控制、决策的重要作用。学校的管理必须遵循社会性、方向性、整体性、民主性、科学性、规范性和有效性的原则。同时,高校应根据管理原则和教育规律,建立一整套科学管理制度,促进高校各职能单位和谐共处,增强组织的内聚力;促进学校与社会、学生的和谐发展,增强学校的外张力。和谐管理是社会性特色办学、建立特色学校的必然前提,和谐管理的过程是学校领导层、教师、学生、社会四维共同活动、相互作用的能动过程,其管理成果体现在学校的社会形象和学生的教育效果上。

2.和谐管理促特色人才

"和谐＋特色"的高校教育管理模式要求学校的一切教育、教学、管理活动必须着眼于学生素质(政治思想素质、劳动技能素质、业务素质、审美素质等)的全面提高,必须将"素质"和"创新教育管理"和谐地联系起来,以素质为教育目的,以特色人才为培养目标,全面提高高等教育质量。如今,高校应将"和谐＋特色"的高校教育管理模式作为高等素质教育改革

的主旋律,并以和谐管理体制、德育首位、课程结构、教育格式、教育资源配置保证主旋律的实现。和谐教学要充分体现教师的主导性和学生的主体性,建立和谐的师生教学关系和师生人际关系,培养学生主动发展的意识。和谐教学的教育成果体现在创设以学生为主体、促进学生自我发展的情境,使学生形成自我意识、自我体现、自我监督、自我评价的能力,增强学生的创造意识、创新意识、创新素质,促使学生成为能适应社会变化和需求的特色人才。

(二)"和谐＋特色"的高校教育管理模式的意义

1.优化高素质、创新型人才的成才环境

首先,和谐管理形成的特色学校优化了成才的硬环境,这体现在和谐的校内外人际关系、良好的学校形象、优美的校园环境、现代化的教学设备等方面;其次,和谐教学优化了成就特色人才的软环境,具体体现在时代性的教学内容、优化的课程体系、创新的教学方法和学生的主体参与教学等方面。

2.使人的主体精神得到充分的弘扬

"和谐＋特色"的高校教育管理模式不仅适应了知识经济和新经济时代的发展需要,而且培养了未来社会所需的人才,使人的主体精神得到充分弘扬,真正成为社会的主人。

(三)"和谐＋特色"的高校教育管理模式的构建

"和谐＋特色"的高校教育管理模式体系由一个指导、一个服务核心和三大管理模块构成。

1.一个指导

一个指导是指以校长负责制和党的政治思想引导、辅导制为指导。"和谐＋特色"的高校教育要坚持社会主义方向,全面贯彻党的教育方针,党组织发挥政治核心和监督保证作用,校长全面负责,保证"和谐＋特色"的高校教育管理顺利进行,并实现其终极目标,即特色学校和特色人才。

2.一个服务核心

一个服务核心是指以学生和社会为服务核心。生产力的不断提高促

使社会不停变迁,时代的变迁要求培养具有时代特征的人才。高校作为造就人才的航母,必须跟上时代的步伐,探索社会现在和未来的发展需求,为社会培养促进社会主义现代建设的各类人才。因此,"和谐＋特色"的高校教育必须坚持德、智、体、美、劳五育并举,促进学生思想道德、科学文化知识、应用技能、身心素质等各方面的和谐发展,培养学生的个性特长和创造性,发挥学生健康向上的个性品质,培养适应社会需求的人才,为提高全民素质不懈努力。

3. 三大模块

三大管理模块是指整合管理模块、教学管理模块和后勤管理模块。

（1）整合管理模块

整合管理模块是指学校党、政、工领导和各职能部门运用系统论、控制论、信息论等现代管理理论,建立健全学校教育管理体制,建立目标一致、和谐发展的教育集体。在整合管理中要加强各部门的岗位责任制和协调沟通,提高职能部门的工作效率和工作质量,为教学一线的教职工和学生提供通畅、满意、和谐的体制环境。要注重情感管理,建立和谐融洽的组织成员间的人际关系以及学校与社会的和谐关系,形成"内求团结,外求发展"的社会主义市场教育理念,为特色学校和特色人才的高校教育提供价值取向。整合管理中要合理配置教育资源,建立和谐合理的主客体关系,做到人尽其才、物尽其用、财尽其利,使学校教育工作取得整体优化的效果。

（2）教学管理模块

教学管理模块分为教师的"教"和学生的"学"两个子管理模块。教育管理模块要求加强对教师的培养和提高教师的自我学习能力,使之成为创造型教师并具有全新的教师观、教学观和学生观。教育管理模块要求用创新教学方法和科学的课程结构体系对学生施教,充分体现学生的主体地位,激发学生的求知欲和学习兴趣,培养学生的独立探究能力和认知自我能力,从而真正实现素质教育和创新教育,为社会培养特色人才。教学管理模块要求在教师、团委及学生会的指导下,充分调动学生的积极性、主动性,培养学生的创新意识和创新能力,使之成为"四会"(会学习、会做事、会生存、会做人)人才。

教学管理模块追求的是亲密融洽的师生关系和民主和谐的教学氛围,创造教与学和谐发展的局面。在教学过程中,要形成教师主导与学生主体相结合,思维与情感、科学与艺术融为一体的课堂、课外教学环境,让学生真正具备社会所需的各种素质,从而创建特色教学和培养特色人才,实现"和谐+特色"的高校教育管理模式的目标。

(3)后勤管理模块

后勤管理模块是指后勤实行全面社会化管理,为学校、教职工和学生提供优质的后勤服务。后勤要创建完善的餐饮、医疗和学校基础建设等管理体系及规章制度,加强与其他部门和学生的情感沟通和协调,用"快、好、省"的实际服务体现后勤管理价值。

四、"三全育人"理念下的高校教育管理模式

教育高质量发展十分重要,社会对高校教育质量要求越来越高。如何培养更多高素质人才,如何通过教育创新培养国际化应用型人才,都应该受到高校的关注。新时代背景下,社会经济不断发展,我国经济体制加速变革。信息化时代的到来使互联网等技术快速普及,促进了我国与国外多元化思想的交融。当下,高校教育与管理模式也受到不同程度影响,这就对高校教育管理提出了更高的要求。需要将"三全育人"(全员育人、全过程育人、全方位育人)理念融入高校教育管理,以高校学生为主体开展工作,拓展新时代高校管理新思路、新方法;需要加快高校发展,充分发挥学校教学与管理的引领作用,加强高校教育管理机制的建设,实现创新型、高水平的学生培养。"三全育人"是全面系统的育人模式,这一理念提出后,要求高校坚持从"点、线、面、体"四个维度结合各方资源,建立一体化育人体系。

(一)"三全育人"高校教育管理的重要性

1.促进教师队伍成长

"三全育人"理念在高校教育管理中具有十分重要的作用,通过全员参与、全面设计、立体推进,体现出育人过程的全面性。因此,"三全育人"对于高校教育管理工作的高效开展具有一定的意义,其促进教师队伍的成长,使高校教育不断发展。教师作为学校工作主体,其业务水平、专业素质、创新主动性的发挥,能够对高校教学质量产生直接影响,也能影响高校在社会中的地位及口碑,以及学生的成长。"三全育人"在高校教育管理工作中的贯彻可以加深教师对于学生培养的认识,促进教师队伍的成长,为高校一流教育的创建奠定基础。

2.提高学生培养质量

"三全育人"理念的提出增加了高校的办学特色,进而提高了学生的培养质量。在这一理念下,高校文化彰显出高校应有的办学理念和价值,也提升了核心竞争力。"三全育人"教育下,高校文化体现出其办学特色及文化品位,这些都能对学生成长产生深刻的影响。应大力弘扬"三全育人"理念,并且不断地将这一理念融入高校文化建设,使得高校在"三全育人"理念下文化建设内涵得以丰富,发挥文化引领作用,增强办学特色,提升学校层次。

(二)"三全育人"高校教育管理模式创新

1.改革传统教育管理模式

"三全育人"体系的构建是一个系统工程,要明确落实培养内容、参与人员及制定周期。培养过程不局限于单一的在校培养,不只注重在校认知能力,还需要依靠教师、家庭的共同配合实施。"三全育人"根据高校实际情况规划,摆脱传统的育人模式,落实具体内容和周期,通过精心谋划改革和创新来搭建现代化教育体系。课堂教学是当下教学的主要手段,也是主要阵地。目前高校教育虽以人才培养为主,但其培训过程主要以课堂教学为手段,其培养模式的局限对于综合性人才的培养具有局限性,应转变落后的教育模式,建立组织保障系统,明确分工,在教学、研究、后勤等多环节协同合作,推进教学管理工作的完善。应改革以课堂教学为主的模式,使学生与教师在教学中实现互动,理论结合实践,将理论目标转化为技能,加大技能训练力度。另外,在"三全育人"理念下确定高校管理整体发展方案,推进目标并监督职能部门落实工作。建立健全管理队伍,根据学生不同需求,以不同引导方式管理,从不同角度解决学生的个性化问题,进而为社会储备有用的人才。

2.建设运营管理平台,完善完成学业模式

"三全育人"理念下高校教育要更好地服务社会发展,构建以市场为导向的模式。"三全育人"理念下高校教育要加大教学改革力度,不断完善课程设计,强化学生实践能力培养,为学生适应社会提供实习机会。"三全育人"理念下高校教育培养不能以毕业为终极使命,需要切实培养学生实际技能,为社会输送高质量人才。

"三全育人"理念下高校教育管理模式的重要载体是管理平台,通过这一平台的搭建,能增强新时代思想文化教育感染力,使学生的思想受到影响。高校应将专业的团队与当下管理平台相结合,建立个性化、智能化的教育管理平台,使学生方便操作,可以在平台中畅所欲言。高校可以根据学生意见了解他们的思想变化,优化管理。同时,高校要丰富校园文化活动,吸引学生参与,将平台信息与专业课程结合,定期更换平台信息,培养学生个人品质。对于有特殊需求的学生,可以因材施教,开发网络教育,对其开展管理。高校教育需要为经济社会未来的发展提供更好的服务,因此"三全育人"理念下,还需要构建以市场为导向的发展模式,加大教学改革力度,不断完善课程设计,强化对学生实践能力的培养,提供实践机会,为社会技术革新输送高质量人才。

3.更新高校教育管理理念,创新学校培养办学模式

要深化教育领域改革,强调现代教育体系建设,实现产教融合、校企合作,为社会培养高素质人才。产学结合是未来教育发展的方向,是教育改革探索新办学模式的产物,可以改变教育当前的窘境。要创新学校培养的办学模式,校企联合提升学生质量,解决能力培养与需求脱节的

问题。

"三全育人"需要通过实践不断总结,在当下新经济发展时代背景下,高校需要通过各种思想文化教育,立足"三全育人"理念,对学生进行更好的管理,深化教育综合改革,加快现代教育体系建设,改变教育现状。最先应该解决的是当下高校教育管理理念的问题。"三全育人"理念强调在学生成长的各环节开展持续不断的全方位管理,这就要求高校将学生思想教育与日常管理紧密结合,使学生可以不断地获得自身知识水平的提升。践行"三全育人"理念,要提升教师、学生综合水平和能力,使教师明确自身的价值,激发教师工作积极性、学术的创造性,使学生在高校学习中树立正确的世界观、人生观、价值观。在"三全育人"理念下,高校应重视育人管理,将教学、管理育人置于同样的位置,尊重学生个性化发展。关注各学习时期学生的不同心理变化,对不同阶段的学生酌情采取不同的管理理念。

"三全育人"理念下,高校应该建立有效的激励机制并完善,从而吸引优质教师、管理人员,激发教师工作、学术创造性。建立科学的教师考评机制,改革考评方式、内容、对象,形成完整的教学考评机制。采用多元化考评方式,基于教师教学业绩、考试通过率、毕业率、获奖情况等综合测评,由专业测评小组打分。同时,需要家长广泛参与互动,学校定期与家长沟通学生表现,及时掌握其成长轨迹,如可以通过家校联谊会来增强家长对学生培养情况的了解。"三全育人"理念下,高校需要建立符合需求的联合机制,产学研融合是我国当下高校教育发展的趋势,对高校教育实施有推动作用;"三全育人"理念下,高校应该根据社会对人才的需求,设置适应社会需求的知识内容,学生学习后实习、考核,使培养出的人才符合社会发展需求;"三全育人"理念下,实现校企联合机制,可以培养更多的合格人才。

"三全育人"理念下的高校教育管理模式,需要高校各机制的配合,才能做好教学与管理工作,进而更好地贯彻"三全育人"理念。随着社会的不断进步,科技的不断发展,信息技术在不断改变人们的日常生活,对于当下的人才也提出了更高的要求。高校为社会输送人才,作为培养人才的基地,需要与时俱进,对管理模式不断创新,清晰地认识"三全育人"理念对于当下高校教育管理的引导作用,并将其拓展至高校的整体层面,遵循时代规律,适应时代发展,因时而进、因势而新,紧随时代步伐,丰富教学内容,全面落实"三才育人"理念,让每一位教师不断提高自身素养,创新教学过程,从而培养新时代的人才。

第三节　大学生参与高校教育教学管理

大学生是高等教育成本的主要承担主体,必然成为高等教育中最重要、最核心的利益相关者。大学生在享受高等教育收益的同时,也有权利参与高校教学质量管理,保障自己的权益,对进一步提高高校教学质量,实现高等教育内涵式发展有重要意义。随着大学生主体参与意识的逐渐增强,大学生参与高校管理已成为当今高校管理体制改革的一项重要议题。

一、学生参与管理的内涵

学生参与高校管理可以追溯到中世纪欧洲的行会大学,行会是同一行业者为了保护组织内部成员的利益而组成的。12世纪初的波隆那大学是学生参与学校管理实践的典型,是具有代表性的学生参与高校管理的大学,这为以后学生参与管理高校的研究提供了重要的依据,也对后世学生参与高校管理产生了重要的影响。

20世纪六七十年代西欧发生了大规模的青年学生运动,把"参与"引进文化教育领域,此后参与管理在西方高等教育管理中发展起来,主要表现形式是吸收中、低教职员及学生代表参加学校各级权力机构,如校董事会、评议会或校系各种委员会等。但是当时参与管理的大都是教师,还有社会人员等以多元参与的形式通过一定的途径参与高校的管理,而学生参与高校管理的少之又少。

综合之前学者研究的概念,笔者认为,学生参与高校管理是指学生在高校管理过程中,拥有一定的参与高校管理和决策的权利,并遵循高校的教育目标和发展规律,采用参与形式调节高校管理系统内的各种资源,从而促进高等教育管理最优化,进而提高高等教育的教育质量。

二、学生参与高校教育管理的路径

(一)树立正确的学生参与高校管理的权利观

1.高校管理者方面

高校管理者要树立"以人为本"的教育理念,高校管理的出发点和根本目的是人的发展,而高校最重要的主体组成部分便是学生群体,那么以生为本的理念就更为直接地体现了高校发展的规律与目标。在高等教育管理中,高校要树立这种以生为本的教育管理理念,赋予学生参与管理的权利,为校园管理创造和谐民主的氛围,回归高校管理是为学生服务的根本上去。在我国,高校管理权利中一般占主导地位的是行政权利,学生权利往往游离在权利的边缘,高校应该改变传统的管理理念,真正实施"以人为本"的教育管理理念,把学生权利引入高校管理,让学生在高校管理中充分发挥自己的才能和创造力,这对高校管理的民主化具有重要意义。为此,高校管理者要解放思想,树立学生权利的新理念。只有高校管理者从根本上接纳学生权利,并将其吸纳到高校管理中,彼此在管理中相互协调,加强沟通与交流,明确学生权利在高校管理中的存在的必要性,学生参与高校管理才能得到基本的保障,才能为学生参与高校管理的相关机构和制度建立和制定打下稳固的理念根基。

2.学生方面

高校管理要真正进行参与式的民主化管理,高校管理者转变权利观念是实现民主管理的前提,而学生作为高校的重要组成部分,是高等教育的消费者,因此学生主体的权利观念的转变更为重要。学生应该从根本上认识到自身是高校管理的重要参与者,是高校管理实践的主体,而不是单纯的被管理者或所谓民主参与中的花瓶。高校管理的决策与学生利益息息相关,学生有权参与高校管理,处理与自身相关的管理领域的问题,如高校的教学评价、课程设置、后勤管理、学生生活等与学生关系密切的管理问题。

由于我国高等教育管理长期处于传统的科层制领导下,行政主体和教学主体在管理中成为学生权利的代理人。这种多层的委托代理关系中,管理者在代理管理事务时不能从学生的角度真正地为学生考虑,导致学生权益受到损害。因此学生应该树立权利意识,表达自身在高校管理中的权利诉求,争取和维护自身的合法权益。另外,学生在争取权利的同时,要注重维护高等教育管理的平衡,本着高校和谐民主发展的目的,正确运用学生权利,充分参与高校管理事务,以推进高校管理的民主化和科学化进程。

(二)完善学生参与高校管理的权利组织

学生参与高校管理一般的形式有两种:一是学生作为个体直接参与高校管理;二是学生通过权利组织的形式参与高校管理。根据我国高等教育管理的现状,学生个体参与管理的影响微乎其微,大多是以学生组织的形式参与管理。学生权利组织作为学生参与高校管理的权利载体,对于学生参与高校管理有着十分重要的影响。所以高校必须完善学生权利组织,以充分发挥其组织特性,取长避短,趋利避害,使学生参与管理的效能达到最优化。

1.加强现有学生权利组织的建设

在我国高校管理系统中,现有的影响较大的学生权利组织有学生会和学生社团等。学生会是高校主要的学生组织结构之一,是学生自身的群众性质的组织,它是联系学生和高校的桥梁和纽带。在这个组织中,学生自觉接受学生会组织的领导、督促和检查,积极支持学生会的各项工作。学生会是学生意志的代表,对学生负责,受学生监督。学生社团则是学生为了实现社团的共同意愿和满足个人的兴趣爱好追求,自愿组成、按照其章程开展活动的群众性学生组织。学生社团是我国校园文化建设的重要载体,是我国高校第二课堂的引领者。但是在管理实践中,由于行政权利的泛化,这两大学生组织不仅仅是学生权利的组织,更是介入了行政的力量。学生权利在行政权利的领导之下,学生会的性质也悄然发生了改变,开始成为行政机构的附庸品,对行政组织负责,受行政组织监督。因此在这一变化中,高校要维护学生权利就必须加强学生组织机构建设,减少行政权利对学生组织的控制,使学生组织有独立的权力机构,并拥有一定的自主决策的权利,以充分发挥学生组织独立参与高校管理功能。

另外,学生组织内部要加强对权利的监督。在学生权利的运行过程中,学生权利组织是学生充分发挥才能的舞台,可以集思广益,为高校管理增添光彩,体现广大学生的根本利益和需求。但其也有可能成为部分学生满足个人私欲的平台,失去赋予学生权利参与管理的出发点,为此要加强学生权利组织内部各系统之间的交流与合作,建立健全学生组织内部权利规避和权利制衡机制,防止学生权利的过度集中,避免学生整体利益受到损害。

2.进行高层次的学生权力机构建设

现有的学生权力机构一般是在行政管理主体下运行的,学生的权利不能够得到彻底的实现,学生的利益也不能通过现有的学生组织准确自然地表达出来,这就要求高校建立更高层次的学生机构,赋予这些学生机构平等参与和学生利益息息相关的事务管理的权利。高校内部管理群体要实现多元化,防止行政权利泛化,不仅要引入学术权利,更要关注学生权利的参与。

在我国高校管理领域内,行政权利在高校管理中独占鳌头,学术权利和学生权利处于从属地位,特别是学生权利往往处于虚化状态,即使个别学生在高校改革中有机会进入校务管理委员会,也还是缺乏学生组织强有力的权利保障,在高校管理中只能充当"花瓶"的角色,这种后续权利供给不足,就需要建立强有力的组织保障学生的切身权益。高校管理者作为一个整体,行政权利、学术权利和学生权利应该是其重要的组成部分,三方权力机构理应相互制约,相辅相成,进而形成一个运行良好的管理体系。

(三)健全学生参与高校管理权的法制体系

高校学生参与管理必须有完善的法律体系做保障,学生参与管理才能做到有法可依,并依法治校。如今我国学生参与高校管理权利的现状本就不容乐观,而且在传统的教育管理理念中,学生权利意志受到行政权利和学术权利的压制,学生权利处于长期被忽视的状态,而法律是最强有力的国家强制性手段,立法保障学生权利对于学生能够真正高效地参与高校管理起到根本的保障作用。

1. 立法赋予学生参与管理的权利

我国学生权利在高等教育领域内长期被忽视,是因为受到传统教育观念的影响,但是学生权利没有得到合理运用的最根本的因素是缺少明确的法律条文的保障。学生权利没有上升到法律条文的高度,就不具备法律的规范性和普遍性,也就不是具有普遍约束力的行为规范,在高校管理中学生权利的缺失也就无法诉求于法律的调整与规范,学生权利就处于一种无保障状态。缺乏法律对学生权利的强有力的保障,学生参与高校管理的路途就更为艰辛。有了坚实的法律后盾,就可以保障学生的正当权益不受侵害,学生可以通过各种方式行使自己的合法权利。我国可以参考现在的教育法规,明确学生参与管理的权利,规定学生参与高校管理的权利范围,同时限制高校管理的专制方式,保障学生参与管理的权利。

2. 完善执法保障和司法救济制度

学生权利作为高校民主管理的重要组成部分,经过教育基本法的确认,明确了学生拥有参与管理的权利,这只是法律的书面规定,所以在管理实践中就必须完善对应的司法救济制度,在高校管理中为学生权利保驾护航。学生权利在基本法中有了明确的规定后,进行进一步的法律规范和引导,保障学生在管理中的权利。当学生权益受到其他利益侵害时,完善高校的救济制度能够保障学生的合法权益。高校应建立健全司法保障制度,如建立校园听证制度,使高校管理透明化,完善学生申诉和救济制度,建立相应的管理委员会,专门处理学生的申诉和实施对学生的司法救济,切实维护学生的切身利益,从而保证高校管理决策的民主和法制化。

(四)建立学生参与高校管理的权利保障制度

在高校管理的具体实践中,学生参与管理的政策要落到实处,不仅要进行意识形态的转变、学生权力机构的建设和法律条文的规范,更需要在高校管理中健全学生权利保障制度,即在高校管理的一线打下学生权利坚实的阵地。在经济领域,制度就是用来约束权利泛化,追求利益最优化的,所以应该有健全的保障制度来维护利益群体之间的平衡。在高等教育管理领域也是如此,学生参与高校管理的权利处于弱势地位,更需要建立完善的高校学生权利保障制度来规范学校管理权利的运行,改变当下高校管理权利被行政主体独揽的状况,缓解学生日益增加的行使权利需求与高校行政主体垄断高校管理权利的矛盾。

1. 完善高校管理制度

学生权利保障制度属于高校管理制度的一部分,要保障学生权利在高校管理中的地位,高校管理制度的完善就显得颇为重要。高校管理制度在协调行政权利、学术权利和学生权利中起着不可替代的作用,特别是在学生学习生活较为贴近的管理领域,如高校的评教制度,学生参与评教是高校学生参与最为广泛的管理领域,在评教中授权学生参与评教的决策,并对学生评教提出不同的意见和建议。虽然我国学生评教是学生参与管理反映较好的制度,但是由于受到不同因素的影响,特别是行政权利大环境下的约束,学生评教制度需要增强自身的监督才能保证学生意愿能够准确、顺利地传达出去,才能坚持学生评教制度设立的初衷,进而提高学校的教学管理水平以及学校的教育教学质量。除了学生评教制度,学生参与比较广泛的还有学生选课制,选课制也称课程选修制,即允许学生在学校所开设的课程中有一定的选择自己所喜欢的课程自由,包括选择课程类型、任课教师和上课时间,也适当选择适合自己的学习量和学习进程。选课制在我国高校的课程体系中体现为选修制,这是倡导学术自由在我国高校课程设置上的体现,学生除了本专业的必修课以外,可以根据自己的兴趣爱好选择适合自己的课程,这样既能保证学生的专业技能的学习和培养,又能扩展学生的知识视野,为以后走上工作岗位打下坚实的知识基础。赋予学生充分的权利去配置符合自身的课程体系,也使学生在选择选修课程时,深刻认识自我的内在需求,挖掘自我的内在潜力。

2. 健全人才培养制度,提升学生参与管理的能力

在我国,实行民主管理对于学校来说比较常见,但是一些学校的民主管理程度普遍偏低,学生参与管理受到能力的限制。当代的大学生大都是满18周岁的成年人,接受多年的教育培养才踏入大学的门槛。随着网络社会的发展,学生通过网络拥有的知识更为丰富,加上学校所设置的课程,知识的学习达到前所未有的程度。尤其是我国提倡的素质教育,在知识学习的背景下,能力的培养已成为人才培养的重中之重。大学赋予学生参与管理的权利,吸纳学生进入教学评价、后勤管理、图书馆管理等高校管理领域,使学生深刻认识高校内部管理系统的运作规律。置身其中与站在旁边鼓掌相比自然更为精彩,也更能培养学生的管理能力,提高学生参与管理的效果,避免学生因为能力缺乏而滥用权利的消极影响,进而保障学生在参与管理中权利的良性运行。

三、促进高校学生参与管理的对策

随着教育民主化趋势的推动,我国高校管理的问题已经引起广泛的关注,学生参与高校管理符合高等教育民主化健康发展的规律,虽然我国已经有许多高校进行了一些管理民主化的改革,但是出现了种种问题。所以要保障学生权利在高校管理系统中的顺利运行,就需要各层次、各方面加强对学生权利的维护,以保障学生权利在高校管理中的合理运行,进而加强学生的民主参与和高校的民主管理。

(一)多元主体路径的构建及运作

主体多元性是治理理论提倡的一个核心理念,这个理念所倡导的是不同主体,通过发挥自身独有的优势和能力,共同推进组织管理体制的最优发展。

在运用这一理念进行学校治理的过程中,要对学校管理的参与主体进行充分选择,只有选择合理的主体,才能够使学校的管理更加完善。在学生参与学校管理过程中,选择的主体主要包括学校的管理者、学生自己、学校的主管部门。在这些管理主体中,作用表现最为明显的是学校的管理者和学校的学生,这两个方面的主体也是接触学校管理最为直接和与学校管理关系最紧密的人群。因此,在学生参与学校管理模式的探索过程中要高度重视对管理主体的选择,只有选择合适的主体才能够发挥学生参与管理过程的最大效用。学生参与高校管理的多元主体策略的选择主要有下面三种。

1. 学校要不断对主导职能进行强化

实际上,在我国现代社会发展环境中,学校扮演着学生的委托代理者的角色,其需主动担负起更多的责任,并借助自身特有的职能推动学生的全面发展以及学校的发展进程。截至目前,学校的有关管理部门依旧是整个模式内的核心力量,居于主导地位。为此,应不断构建有效机制,促使学校各个管理部门间实现互动、相互配合,并引导学生积极参与进来,调动学校内部的一切力量促使学校的管理问题妥善解决。

2. 学生应加强自律

众所周知,学生在专业管理知识方面往往存在一定缺陷,因此一定要提高学生在参与管理过程中的自律性。唯有如此,才能从根本上防止学生参与管理时局面混乱的问题产生。

3. 学校要构建并不断完善学生参与责任体系

应针对学校管理部门主导学生参与下的多元主体模式进行共同管理,理清该模式下两者间的责任关系,明晰职责,大力提升管理效率。应该积极构建健全的问责体系,将其上升到学校规章的层面,建立起全套横向与纵向的问责制度。通过多元主体问责,可有效地将问责主体由同体延伸至系统外的异体,使体制中最高领导无人问责的问题得以解决。另外,问责主体是多个,而非单个,从而在制度层面上确保问责制得到有效的施行。

治理理论重点突出多元参与,也就是说,政府并非公共管理的唯一中心,个人、机构均可采取多样的形式参与管理。实际上,学校党政部门的领导、行政人员、教师、院系辅导员及学生均属于学生事务的利益相关群体,在学生事务中,他们往往扮演着不一样的角色。具体地说,学校党政领导扮演的是学生的培养目标、学生事务相关政策以及学校发展方向的终极决策者的角色;作为学生和领导的中介,辅导员、学生工作部门行政人员、教师扮演着学生事务的服务者与指导者的角色;而学生扮演着参与政策制定、将学生事务各项政策付诸实践的角色,是学生事务的工作对象。因为各个主体扮演的角色、承担的责任都存在差异,所以在学生事务治理中,三个主体所承担的职责也大有不同。但是,这三者之间具有相互合作、权利依赖的联系。

从学校领导方面来看,决策是其最根本的任务。学校管理者需要广泛收集学生与行政管理者的意见,将学生的诉求作为学校行动的指南,并且充分发挥学生的监督作用,保证学生的发展,从而使决策的合理性和公正性得到保证。高校的管理者一定要将民主作为管理的核心理念,尽可能地满足学生的诉求,促进现代化高等院校的发展。作为高校管理层,一方面应保证信息透明度,将有关决策的背景、具体实施计划以及目的告知全部教师与学生;另一方面应将管理的权利适当地交给教师与学生,保证他们积极参与其中。

实际落实过程中,高校管理者要将部分权利交给教师和学生以增强其参与管理的主观能动性,使得他们在管理和处理事务中具有主动权和自主权,为决策的合理性和公平性提供保证。比如,将某些自治权利交给学生,让学生具体负责某些活动或者事务;将指导学生的权利交给教师,提高教学质量和效率;等等。一旦出现矛盾或者利益冲突时,管理层要积极采取协调手段,避免按照自己的主观意愿来达到目的。除此之外,高校管理者需要具有前瞻性。高校管理者属于决策人,在制定学校有关政策及规定时,须利用自己独特的视角来引导学生参与学校管理,构建发展的蓝图,为学生参与管理提供方向和未来。

从学生方面来看,学生是学校和学生相关决策的实施人员,是直接承担学生事务的重要人员,是学生事务管理的一大主体。同时,大学生是具备一定认知能力以及知识水准的、年满 18 岁的、拥有完全行为能力的公民,完全具备参与和自身发展有关联性的公共事务的责任与能力。所以,学生应精神饱满、充满激情地加入学生事务以及学校相关事务中去,以理性的态度与学校管理层共同商讨大家都关注的问题,积极勇敢地承担应该肩负的责任。同时,大学生必须转变观念,在思想上逐步形成"自己就是学校相关事务的共同生产者"的意识,要自觉地参与学校相关事务,承担学校管理的职责。通过对全球学生参与现状的分析可知,如今高校学生参与主要包括教务、校务参与和学生事务参与。在开展学生奖惩管理工作时,应具备程序性的载体与形式,为学生创造参与的可能,使学生既充分了解评定的手段与标准,又将申诉、质疑的权利赋予学生。目前,国内外的高校学生大部分通过学生评价教师制度参与教务。因各个国家的文化传统的差异以及高校基本情况的差异,学生参与校务的方式也大不相同。考虑到我国当前的现状以及国情,目前可行性比较高的主要有学生会主席列席相关会议制度、重大校务告知制度、学生参议制度这三种。作为学生参与学校事务的关键媒介,学生会须负责促进学生和学校之间的沟通与交流、使学生合法权益得到维护等工作。学生会的组织功能是否可以全面发挥,这主要是由学生参与的有效性直接决定的。所以,对学校而言,加大力度建设学生自治组织具有深远的影响。

从行政人员、辅导员及专业教师来看,他们在传统管理模式中主要扮演着政策的实际控制者与实施者的角色,是行政运作的中心。然而,他们在以学生为中心的治理模式中却扮演着协助者的角色,对学生需要负责,需要充分满足其合理需求。

行政人员位于学生和学校之间,其要想做好本职工作,就必须尽可能地为学生创造资源、提供服务,积极鼓励学生参与学校及学生事务的管理,力求早日为学校、学生以及领导层建立起平等对话的机制及发展空间。一旦学校和学生在利益中出现冲突矛盾,那么教师与行政人员有责任去协调双方关系,并尽可能维护二者的共同利益。同时,他们往往还须承担辅导学生学习、教授学生治理技能、教育学生的职责。为此,教师与行政人员须尽可能地采用多样化的手段,让学生对其义务和权利、民主的内涵形成全面认识,尽可能地将学生参与学校管理的技能、知识教授给学生。要认真贯彻落实学校决策的意义、背景、目的、难度的宣传工作,建立学校与学生之间良好的合作关系,提升彼此的信任度,相互理解。

(二)构建学生组织参与高校治理模式

学生组织是目前学校治理参与过程中的主要组织形式,要想建立完善的学生参与高校管理模式,就需要建立一个机制完善、运行合理的学生组织。治理理论指导下的学生组织,应该是一个充满自由民主和具有针对性的机构。具体而言,治理理论下建立的学生组织在内部管理和决策方面应充满自由和民主,组织中的所有成员应公平地享有相对一致的权利,在每一件事情的决策过程中都应拥有充分的决策表决权。因为只有充满自由和民主的决策环境,才能催生机构最完善决策的形成,也只有充满自由和平等的环境,才能够最大限度地激发组织成员的行动力。同时,学生组织的内部机构还应该具有充分的针对性,每一个部门的形成都需要以实际的管理需求和管理项目为基础。只有在需求基础上制定具有针对性的行动策略,学生组织才能够成为学校管理的中坚力量。另外,一个高效率的学生组织还应制定公平合理的入选和准入机制,在吸收学生加入组织的过程中不应存在不公平的制度和要求,只有这样才能够在最大限度上,吸收更多的人参与到学校管理中。

综上所述,为了更好地发挥学生参与学校管理的效率,应该在治理理论指导下建立一个自由民主、相对完善的学生组织。

(三)建立多元协作的高校治理范式

按照治理理论可知,其涉及的主体可以是不同行业、不同层次的行为。因此,民主对于学生参与学校管理非常重要。在现代化的高校管理中,要积极调整传统的理念,将以教师为中心的管理模式逐步转变成以学生为中心,利用学生自身的优势来提高管理水平,保证学生的利益不被侵害。要想达到上述目标,学校必须加大宣传力度,将这种理念和观点落实到每个人的心中,积极鼓励学生参与管理;改变教师传统落后的观念,帮助其树立民主化思想;构建科学合理的学生管理制度,把学生看作管理的主体,积极采纳其反馈的意见和建议,从而使高校得以健康全面地发展。

同时,要打造好高校治理的外部环境。近年来,国家为了保证学生能够参与高校管理,出台了很多相关政策法规,但还需要进一步完善,制定出更为全面、具体的法律法规,明确给出可行性的操作意见和标准,为学生参与高校管理政策的顺利实施提供依据和保障,创造有助于这项改革的政策法规环境。

第五章　高校艺术教育与大学生人才培养研究

第一节　高校艺术教育对培养大学生综合素质的研究

一、当代大学生应当具备的综合素质

素养,是指人们在生理、心理上的特质,以及在文化习得过程中形成的素养。具体可以分为以下三方面。

①身体素质,是指人们的全身健康、体能水平、器官功能、中枢神经体系的天然功能和质量。

②心理素质,是指人们的愿望、爱好、志向、信心、认识能力、情感、毅力机制、才能、人格,以及它们的质量。

③政治思想业务素质,是指人们的政治法律理念、职业道德价值观、职责服务,以及他们的科学知识水平。

进入 21 世纪,面对经济、政治等方面的新形势、新压力以及社会人才新要求,当代大学生应当具备以下综合素质。

(一)良好的身体素质

身体素质是人类发展的基础,包括身体健康、免疫力强、精力充沛等。当代大学生应该努力提升自身的身体素质,以便更好地应对当前的学习压力和未来的工作挑战。

(二)健康的心理素质

心理素质是个体在日常生活中形成的心理特征,它反映了个体在社

会中的能力和技能。随着社会的发展,心理素质的作用变得越来越重要。随着国际竞争的加强和社会生活步伐的加快,高校学生感受到了更多的压力和急迫感;东西方文化的冲撞、多元价值观念的冲突、贫富鸿沟的拉大以及社会利益布局的变化,使学生的心态不均衡感更加明显;人际交往的疏远加重了孤寂感和失败感,而自身对生存方向的抉择可能增加,也让心中的问题更加强烈,甚至会引发一些心理健康问题,干扰他们的身体健康和学业进步。因此,大学生培养良好的心理素质对于他们的未来发展至关重要。

(三)丰富的科学文化素质

科学文化素质包括两个方面的内容,即科学素质和文化素质。爱因斯坦曾说过,科技只能提供一种可以帮助人们理解"是什么"的方式,但无法解答"应当怎样"的问题,而且科技只能决定对错,无法给人以"价值评判"。要想做出正确的人生价值评判,就必须依靠文化的支持和培养。所以当今大学生应当把重点放在提升人文素养上,以便在科学技术与文化融合的新时代中更好地理解、把握和创造科学技术,应当在获取科学技术的同时,培养良好的人文素养,以实现全面发展。

(四)完备的思想道德素质

思想道德素质是个人的综合能力,它包括个人的世界观、生活方式、意识形态以及政策思想立场、信念和态度。伦理道德素质则涉及个人的道德观念和行为准则,它们是人们在社会中的基本道德标准,对个人和社会都有重要的影响。

新时代的大学生要时刻保持政治清醒,坚定不移地听党话、跟党走,要多了解时事,了解最近的政策,向不正确、不被允许的行为说"不",拒绝浪费时间,要充实自己,有计划地去提升自己,做好新时代的接班人;积极投身于我国发展建设工作的宏伟探索中,为实现中华民族伟大复兴而努力奋斗。新时代的大学生应当具备良好的社会公德、家长伦理学和职业素养,遵守法律法规、文明礼仪,联合互助,公平友爱;在工作中要有责任感、事业心,要有爱岗敬业的奉献精神,要忠诚于义务,努力承担责任;要做到思想道德的完善,将道德要求转化为自觉的行为准则和行为规范,以此作为社会主义精神文明的榜样,推动社会的发展和进步。

二、高校艺术教育对培养大学生综合素质的功能

(一)美育功能

美育能开发和拓展人的审美体验,提高人的审美能力,从而让人更具洞察力和敏锐的观察力。对高校学生而言,艺术教育是学生能接受的最基本层面的美育,在实现全面发展个性教育的角度上发挥着极其重要的作用,能给学生的一生带来深远的影响。

高校艺术教育能帮助学生从日常学习中敏锐地发现美、感受美,进而促进学生智育和德育的发展。高校艺术教育影响学生个性化全面发展在于美育发挥的作用,而美育对学生的作用在于培养学生的审美能力。没有了审美,艺术本身的其他功能都将成为空谈,而艺术教育能很好地提高大学生的审美能力。

艺术教育主要是起到三方面作用:其一,认识作用。通过高校艺术教育,大学生能更深切地认识、体会和理解自己所处的社会、国家的历史传统和自然资源,进而对文化传承和自我有更深刻的认知。其二,娱乐作用。这里的娱乐并不是单纯地让人感到快乐,而是通过高校艺术教育的鉴赏、创作实现审美追求,在获得美的体验中放松和愉悦。其三,教育作用。基于认识作用和娱乐作用,高校艺术教育引领学生接受再教育,这种作用的影响是潜移默化的。

(二)智育功能

智育本身为一种综合性的能力,受制于五个方面因素的影响,即观察、技艺、想象、思维和注意。心理学家的研究表明,除了智力外,还有五个因素影响着一个人的健康成长和协调发展,即性格、情感、兴趣、意志和动机。对于一个人的健康成长、协调发展来说,智力与非智力因素共同发挥着重要的影响力,所以在教育的过程中,不能够一味地强调一方而忽视另外一方。

艺术教育不仅能开发学生的智力,还能提高他们的非智力因素。通过艺术教育,可以培养人的观察力、逻辑思维、记忆力、兴趣和想象,这些都是非智力因素的重要组成部分。借助艺术,一个人的成功欲望、求学欲望、荣誉感等都得到了良性激发。艺术教育能拓展学生的形象思维能力,拓展学生的空间想象能力,协调学生的手脑,让学生右脑的潜力得到很好的开发,让学生的实践能力得到非常全面的发展,而这些在单纯的智力教育中是很难做到的。

(三)德育功能

艺术教育能让道德更好地深入一个人的内心,能将社会的外在需求演变为内在动力,能将外在的道德认知演绎为一个人的具体道德行为,可以说,艺术教育在德育方面产生的影响是非常大的。高校艺术教育旨在养成大学生的爱国精神、爱党敬业精神,爱护大自然、尊重师长、热爱劳动精神等,不仅能提升学生对文艺美的感受、欣赏、表达和创造,而且能激发学生的感情,提升文艺素质,培养正确的道德观。艺术教育在促进学生的全面成长、促进学生身心健康发展、培养学生的民族精神、为国家培养人才方面均起着较为重要的作用。

三、艺术教育在大学生综合素质提高方面发挥的作用

(一)艺术教育对大学生科学文化素质的作用

艺术教育不仅能促进头脑的健康,还能激活人脑潜力,进而提升个人的能力。唯有通过美育,才能教育出一个充分成长的人,使其获得更大的成功机会。

美国神经生理学家系统研究了人脑的左、右半球功能,从生理学上为艺术教育促进人的思维能力发展提供了科学依据。该项研究证明的模式是:艺术教育—促进形象思维—促进人脑右半球发展—促进创新思维能力提高。另外,艺术教育可以培养人的创造力,这些能力包括对事物关系的敏锐感知、对细微差异的敏锐观察力、多元化解决问题的能力、在变化过程中不固守概念的能力、在无序情况下做出决策的能力、在受限环境中

的操作技巧、想象力和创造力以及用审美视角理解世界的能力。

(二)艺术教育对大学生交往素质的作用

1.艺术教育可以促进人际关系的和谐与发展

关系是人类社会发展的基础,它不仅能推动个体的发展,还能为个体提供良好的社会环境,从而促进其心理健康,拓宽其未来发展的空间。大学生正处在一个充满挑战的时期,建立良好的人际交往尤为重要,这样可以帮助他们更好地适应社会的发展。随着时代的发展,人类相互之间的事务交流和文化精神交流日渐增多,人际交往的范围和领域也在不断扩大,这种关系对人类的思想、行为和情感产生了深远影响。要适应社会发展,和谐的人际交往是必不可少的。当代大学生应该积极地创建和维护正常的人际交往,培养交往技巧,并积极参与社会活动,与别人和睦相处,进行有效的沟通。

2.艺术教育可以提升大学生的团体协作水平

在当代,无论是哪种工作,团队精神都格外重要。艺术教育可以培养人开放、容忍的襟怀,基于这样的心灵沟通,团队成员之间的理解甚至可以超越语言。只有在艺术中,人们才理解到一种能允许所有的人都去交流他们情感的韵律,从而使人结合成一个整体。艺术作品不仅能超越地域和时代的限制,而且能让人们在共同的美感中聚合在一起,又能保留个人特点。艺术以尊重个人的方式探索人类情感的共性,并将其作为一种交流、分享和共享的基础,这种交流和分享是自发的、自由的。

3.艺术教育能培养人的交际能力

艺术教育能让人变得更加有才智、更加有教养、更加有风范,使他们在人际关系中更具韵味和兴趣,让别人更愿意与之交流。诚恳而儒雅的心态、丰富而风趣的言谈、礼貌而高雅的举止,都能让交流的对方感受到这些交流不仅有用,而且是有意思的和难忘的。品格高贵、趣味高雅的人能以一些充满艺术的方法解决社会中的复杂问题,比如用生动形象的语言表达自己的观点,用温柔的话语抚慰对方的心灵,用幽默的方法化解自身的困境,以及用温暖的眼光去看待别人的不幸。美育可以帮助大学生在社交场合中展现出自信和美感。

(三)艺术教育对大学生身心素质的作用

艺术教育能促进大学生身心健康的发展,特别是对大学生的心理健康有着重要的影响。高校通过艺术教育,可以培养学生的真实、善良和美好品质。

1.艺术教育能培养大学生的真诚

艺术作品的生命在于现实,当大学生接触到艺术作品时,会被艺术作品中表达的对社会和人生的深刻思考感染,从而更加坚定地追求现实,并以诚实的态度去面对他人。这样,他们就能更好地把握自己的人生,更加真诚地面对生活。

2.艺术教育能培养大学生的善良

艺术的品格是善良,这种品格源于艺术的情感体验。通过艺术教育,人们可以培养同理心和共情能力,从而帮助他人摆脱痛苦,获得快乐。艺术教育通过同理心和共情能力的建立,为培养大学生的善良品质与高尚道德打下坚实的心理基础。

3.艺术教育能培养大学生的心灵美

艺术作品是一个独特的形式,它可以展现人类的美学认识、追求和理想。因此,艺术教育有助于培养大学生的审美感觉功能,让他们懂得享受、感知、观赏和创造美。人们的思维会在追求美时变得更加敏捷和智慧,在欣赏艺术的同时,可以与他人产生共鸣,从而懂得分享和理解。因此,在艺术教育中,大学生可以自然而然地与他人建立和谐的关系。同时,艺术教育能培养大学生细腻的心灵,进而推动开放、包容和创造精神的发展。

(四)艺术教育对大学生思想道德素质的作用

艺术教育能引导大学生关注自身思想道德品质的养成。艺术教育的任务除了传授学生艺术技能外,还发挥着"以美育德"的功能,起着培育大学生思想道德素质的作用。高尚的思想道德素质是大学生全面发展的内在要求。

艺术教育引导学生关注自身思想道德素质的养成,主要体现在以下三个方面。

第一,艺术教育可以引导学生认识到要加强自身思想道德素质,在接受艺术教育的过程中提高自身的优良品质。艺术教育的内容和形式丰富多样,能吸引学生的注意力和兴趣,激发他们的学习热情。通过参与艺术教育活动,学生可以体验到艺术带来的快乐,并且不断提高自己的艺术技能和审美能力。艺术教育不是一个短期课程,而是在持久地感受美育的过程中不断发展自己的美丽和健康,久而久之,学生就能培养出自强、坚韧、恒久的优秀品格。遇到困难不退缩,面对问题勇于承担责任,这些优秀品质是思想道德素质极为重要的部分,也为大学生未来走向社会打下坚实的精神基础。

第二,艺术教育可以引导学生认识到要加强自身思想道德素质,在接受艺术教育的过程中实现完美个性的塑造。在我国,灌输式的理论教育方法、内容固定的思想政治理论课或是思想品德课,就如同工厂制造的造型有限的模具一般,这种方式的教育培养出来的大学生通常表现出创造力不足、思维不活跃、个性不鲜明突出的特点。这些问题都是当今高校有关改革中必须面对和解决的。而高校艺术教育可以采用有针对性的教学方法,引导学生发现自我的兴趣和兴奋点,根据对艺术的理解学习自己真正需要的艺术内容,从而将艺术技能与个性特征结合起来,培养独属于自己的风格,塑造独特的个性。

第三,艺术教育可以引导学生认识到要加强自身思想道德素质,在接受艺术教育的过程中提高社交能力。培养社会交往能力也是大学生素质教育的一部分。当今社会是一个信息联通的社会,艺术不再曲高和寡,无论是创作还是鉴赏,学生在接受艺术教育的过程中都必然与他人建立新的人际关系和培养团队合作意识。当代大学生多数是独生子女,一些学生存在以自我为中心的缺点,因而在社交能力方面有待进步。艺术教育不仅能培养学生的审美能力,而且学生在学习、鉴赏和创作的过程中,以及在与教师、其他人交流、分享的过程中,潜移默化地习得沟通交流的技巧,建立和谐的人际关系,增强团队合作意识,最终逐渐形成和善、包容、互助的良好道德品质。

将高校艺术教育与思想道德素质培育结合起来,能够引导大学生塑造自立自强、自尊自爱的人格,并最终构建完美的审美人格,这是大学生素质教育追求的目标,也是艺术教育要达到的目标。

第二节　高校艺术教育有助于促进大学生的全面发展

艺术教育是素质教育的重要组成部分,能使学生在个人综合素质提高的基础上实现自身的全面发展。通过艺术教育的熏陶,学生将拥有更高的精神境界、更宽阔的视野和更宽广的眼界,从而获得多姿多彩的生活体验和培养人文科学素质,并且拥有充满活力和魅力的个性。

一、艺术教育对于培养高校大学生的人文科学素养的意义

(一)人文素养的内涵

人文素养是一种内在涵养,由知识、情感、意志、思维、观念、能力、仪态等诸多方面综合而成。人文素养是一个人内在品质的体现,它不仅会影响个人的思想,还会影响个人的行为习惯、审美能力、价值观念、情感态度和礼仪谈吐。由此可见,人文素养是一个人综合能力的重要体现,可以帮助个人更好地适应社会,并且能提升个人的生活质量。

(二)培养大学生人文素养的功能

人文素养决定着个体在瞬息万变的工作道路上的综合实力。培养大学生人文素养的功能主要体现在以下五个方面。

1.有利于健全人格,树立正确的价值观

科学在求真,人文在求善,艺术在求美。人文素养有利于培养健康的

情感,不仅要为善,还要妥善地面对和处理人生中遇到的问题,良好地控制自己的情绪,不冷漠、不偏激,不让抉择被情绪左右。同时,培育人文素养还有利于树立正确的三观。在人文素养提升的过程中,个体可以建立积极向上、平和谦虚的人生态度,养成人与万物和谐共处的意识,形成正确的人生价值观,不卑不亢,自尊自爱,培养勇于向前的精神,对任何困难都不轻言放弃。培育人文素养还有利于稳定思想,坚定人生理想信念。学生不应受社会功利主义影响,狭隘地审视结果,忽略过程,大学生应当勤奋读书,不仅要掌握知识,还要提高自身的修养,让自己充满活力,不能只关注实用性的书籍,而忽略了培养和提升自身的人文素养。

2.有利于提升思想道德品质

通过培养大学生的人文素养,不仅可以提升他们的思想道德品质和修养,还可以树立良好的责任意识,从而有效防止科学技术的错误使用,避免可能引发的灾难,也能让大学生在专业知识应用领域更加健康、有效地发展。

3.有利于提高创新能力

科学家钱学森认为,学理工的要学会文学艺术的思维方式。科学家要有艺术修养,能够用艺术的形象思维,大跨度地联想。由此可见,培育人文素养,还有利于创新能力的提升。在科学领域,能发现和解释宇宙奥妙的人少之又少,大部分普通人并不需要熟知所有且深刻理解。但人文精神不是靠几个人、几代人就可以积累的,而是每个人都可以贡献自己的一份力量。因此,人文素养是各种思维的杂糅、综合,更容易产生新观点、新思想,并养成创新式发散性思维,成为推动科学技术不断创新发展的精神动力。

4.有利于提高社会适应能力

社会融入、沟通表达、抗压能力以及团队协作等能力对当代学生来说是必不可少的。仅专注于专业理论知识的学习,在走出校园后,大学生往往缺乏在复杂灵活的社会中站稳脚跟的基本能力。如面试表现不佳,往往是沟通表达能力不足;工作压力大,导致重病、轻生的情况,往往是抗压能力不足;在工作单位不能与同事共进退或根本不能和谐相处,即使个人的能力再强,最终也无计可施,这明显是缺乏团队合作能力。只有加强大学生的人文素养和培养社会适应能力,才能更好地满足社会的需求。

5.有利于综合素质的提高

人文素养是一种深刻的、持久的影响力,它不仅能渗透到人们的日常生活中,而且能激发个人的潜能,促进他人各项素养的发展,进而提升个人的综合能力。从某种意义上来说,人的专业能力、知识积累只是个体全面发展的条件之一,而是否拥有较高的人文素养才是个体全面发展的关键。人的综合能力的提升不仅可以使其自身才能全方位地展现,还有利于坚定自己的理想信念,不断挖掘,不断创新,从而促进社会的进步与发展。通过培育人文科学素养,高校可以提升大学生的综合素质,使大学生成为可持续发展的人才。这也是当今社会的教育理念和培养目标。

(三)艺术教育对培育大学生人文素养的意义

1.艺术教育是人文素养培育的重要组成部分,具有深远的影响

人文素养教育的最终目的旨在促进受教育者精神品格的提升,塑造其道德认知及理想追求,具体实施于生活中的表现为对情感、观念、思维、人格、审美等人性板块的建立与完善。每个立体的人的形成都取决于他对生活的感知,而由于生活环境、经历、教育等因素的有限性,导致个体,尤其是学生认知常常过于单薄。艺术是文化的载体,可以丰富人的感知,激发人的思维想象力。艺术教育可以激发学生的情感,培养正确的价值观,促进创造力,拓展思维,完善人格,提升审美能力,弥补专业教育缺乏的情感教育。

人文素养教育涉及的内容广泛,包含多种学科,教育方法多样,显性、隐性教育共存,艺术教育中的诸多知识学习与实践活动都是提升人文素养的方式之一。因此,艺术教育包含于人文素养教育之中,是人文素养教育中不可忽视的重要组成部分。

2.艺术教育促进人文素养的培育与提升

首先,艺术教育可以开发智力,培养创新性思维。著名科学家钱学森认为,艺术的思维方式能扩大联想的范围。钱学森的成功不可否认与他良好的艺术功底有密切的关系。当他遇到难题,靠艺术的形象思维和直觉,常有意想不到的收获。由此可见,艺术教育可以为人们提供灵感,开拓思维,激发创造力,这体现了艺术教育对思维、智力的开发与影响。

其次,艺术教育是纠正价值观念偏离、减弱功利心理的对症疗法。不得不承认的是,随着经济的高速发展,社会上一些负面情况让人触目惊心,抵制社会负面现象,需要人文关怀;修复碎片化的人生,同样需要人文关怀。艺术教育可以提升学生的审美能力,完善人格道德心理,使学生拥有正确的价值取向。同时,艺术教育可以丰富学生的情感体验,总结人与人交往的成功经验,提高情商。只有在独立思考中不断感受艺术的魅力,才能自觉地拒绝平庸,克服目光短浅、精神虚无,成为一个有追求、有品位的人,成为拥有博爱、同情和悲悯之心的人。

最后,艺术教育可以激发学生对人文素养培育的兴趣,提升其交流与团结能力。艺术种类五花八门、内容丰富多彩,其中不乏令人赏心悦目、悠扬动听、欢乐有趣的美感享受。因此,艺术教育受到大学生的青睐,吸引更多的学生接受艺术的洗礼,这无疑激发了学生对人文素养培育的期待和兴趣。丰富多彩的文化艺术和社会实践活动不仅能给大学生提供理论联系实际的机会,还能锻炼人际交往与合作沟通的能力,培养其社会责任感,使其拥有高雅的生活情趣。

二、艺术教育对完善健全大学生人格素养的作用

(一)大学生健康人格的结构要素

1.认知能力

认知能力是健康人格的基础要素,包括表达、人际关系的处理、综合分析、自学、组织协调以及创造等诸多方面的具体能力。这些能力能保证他们高效完成各项实践活动,是大学生形成健康人格的必要条件。

2.性格特征

人格是一个人成功的关键因素,它可以帮助学生更好地表达自己,增强其自尊心、自信心、使命感、公平竞争意识、友谊感、独特性和自控力。优秀的个性能让高校更有魅力,更易于被社会接纳,并且有助于学生体现自身价值。

3.自我意识

自我意识是健康人格的基础,它不仅包含正确的自我观念、完善的自身一致性、客观的自我价值感和适当的自我控制力,还能激发人们的积极性,使他们能主动应对社会生活中的各种影响,从而获得更好的发展。

4.价值取向

价值取向是健康人格的导向要素,包括人生观、价值观、诚信意识、人际关系。大学生身处社会和学校两个环境中,尤其是学校的集体生活需要大学生建立一个正确的价值取向,只有这样才有助于他们走出校园,步入社会。

(二)大学生健康人格的重要特征

1.和谐的人际关系

人际关系不但能帮助人们调节身心,而且直接体现了个人的人格健康状况。具备健康人格的人通常都会与他人建立和谐的人际关系,他人与之交往会感到愉悦,也会认可并尊敬这样的人。具备健康人格的人会以公平、谦虚、宽容的态度对待他人,既能接纳他人,也能得到他人的接纳。和谐的人际关系反映了健康人格的状态,也是建立或是制约人格健康发展的首要因素。或者说,想要判断一个人的人格是否健康,最先要做的就是观察这个人的人际关系是否和谐。

2.良好的社会适应性

能力的发展与提升理论是概括性的,而落实到社会实践则是具体的。因此,一个人在社会生活中协调发展,能否适应社会关系变动,能否与整个社会协调同步变化,就具体表现为个人的社会适应性。只有具备良好社会适应性的个体才会去主动观察并关心自己所处的社会环境、人际关系、关注热点，才能更好地适应社会的种种变化，并在社会实践中发展自我，完善自我。

3.生活态度乐观向上、积极进取

是人就会有烦恼、挫折、困难、麻烦，但是拥有乐观向上生活态度的人总是不会轻易放弃，而是会直面难题，努力应对，勇敢地去解决问题。一个拥有积极进取生活态度的人总是会看到生活中积极的那一面，以充满信心的姿态去面对生活、理解社会，相信世界会更加美好，相信未来会充满希望。因此，这样的人总是用满是兴趣与好奇的目光看待世界、社会、自身和他人，不会丧失进取的动力，绝不自暴自弃，即便一时倒下，也会寻找再次发展的机会，再度崛起。

4.正确且积极的自我意识

具有正确的自我意识，这样的人往往会表现得自信、自尊，能正确认识自己和他人、社会、环境的关系，不仅认可自我，而且会以极强的责任感审视自身，客观地看待自己的缺陷和不足。具有积极的自我意识，这样的人往往会恰如其分地评价自己，主动进行自我调整，不自负，也不会妄自菲薄，在自我监督中实现自我发展。

5.良好的情绪调控能力

对于个人而言，无论是生活还是其他，情绪都发挥着相当重要的作用。调控情绪象征了一个人的成熟度，能很好地调控自己情绪的人，能在积极的心境中享受愉快和幸福，也能在消极的情境中宣泄转移痛苦。无论是为人处世还是待人接物，都能调控好自己情绪的人才是具备健康人格的人，才能获得来自社会和他人的更高认可。

(三)艺术教育对完善大学生健康人格的作用

抑郁、困顿是每个人都会遇到的情况，不过原因各不相同。在应对这种不利于个人成长和发展的情况时，不同的人会采用不同的方式。而艺术会帮助心灵找到一处可以舒缓负面情绪的"栖息地"，帮助人们对抗消极的负面情绪，释放压力。不过必须知道的是，艺术不是临时药，也不是能临时抱到的"佛脚",而是需要接受艺术的教育和熏陶,慢慢积累,才能凝聚出个人艺术修养。培养艺术修养的方式有很多种,如欣赏,即是一种直接且具体的审美教育方式,它能帮助高校更好地理解和欣赏艺术作品。通过这种方式,高校可以最有效地培养和提升学生的审美能力。很多人认为艺术修养不会影响到学业、就业或是健康,因而不予重视。但从深层次上讲,艺术修养对生活质量、人格素养影响是深远的,社会属性的高低与否,人格发展能否完善,都与艺术教育有着潜在的密切关系。高校艺术教育能培养大学生的审美能力,提升大学生的艺术修养和交流素质,发展和谐的人际关系,从而使大学生人格发展也得到持续完善,进而满足社会对高素质人才的需求。

1. 艺术教育可以帮助大学生培养独立思考的意识

如果一个人能在内心深处展现出美丽的一面,他就是一个完美的人。只有建立起完整的自我意识,才能真正认识自己,并且不断努力实现自己的梦想,成为一个真诚、善良、美丽的人,拥有才华、修养和风度。许多艺术家的作品都展现了他们对自我的深刻理解和反思,这些作品为大学生提供了一个展示自我感觉、形成印象和反映的平台。

2. 艺术教育能促进大学生完善自我认识

通过认知世界和认知自身,高校可以不断改造自身,从而使自身更加完善。这种改造涉及多个重要领域,主要包括改造现代世界观、树立个人观和价值理念、掌握道德和行为、培养理想和情操、获取知识和智能结构,以及增强身体健康和体魄健壮等。通过德育、智育和体育,高校可以达到这些目标。但是,社会审美教育和美术的重要任务是统筹这些重要领域,使它们达到平衡、完整。在艺术中,人物形象不是局部或某一方面的,而是作为整体出现的。因此,大学生受到的影响也是全面的。此外,由于有些文艺作品中的人物形象都具有理想主义色彩,其能成为受教育者的楷模,有助于受教育者的自身改进。

三、艺术教育对促进大学生审美素质发展的作用

(一)审美素养的内涵

审美素养是一种认识、感知、欣赏、享受、表达和创造美的能力,可以被概括为以下五个阶段。

1.输入各种美的信息

通过深入学习和研究审美理论,以及积累丰富的审美经验,学生可以更好地认识自然、社会和艺术的美,并能对各种美的信息进行有效的关注。

2.进入审美状态

通过审美的过程,学生可以欣赏到大自然、社会和艺术的美,从而体验到审美的乐趣,培养感受美的能力;同时,可以将自己的想象、情感和理解融入其中,使之成为一种审美享受,从而提升自身的鉴赏能力。

3.升华为审美意识

通过从审美观的角度去观察、倾听和思考,潜移默化地给学生带来深刻的审美体验,使学生不断提升对美的评价能力,并且寻求更加丰满、高雅的审美对象,以及更高层次的审美标准。

4.完善审美心理结构

通过不断提升审美能力和创造力,学生可以全面提升审美素养。

5.提升个人素养,塑造完美的人格特质

提升智力、道德、审美和身体素质是美育的延伸,也是塑造完美人格的最终阶段。

(二)审美能力对于大学生的全面发展和成才至关重要

纯粹的美是难以进行教育的,因此,艺术教育是较理想的形式。培养大学生成为全面发展的高素质人才是我国高等教育的目标,其中审美素质的培养不可忽视,它是高校育人的重要组成部分。较高的审美素养是判断大学生精神风貌的重要标志之一,也是大学生人格修养境界的重要表现之一。高校必须重视并加强大学生审美素质培养,通过艺术教育提

高大学生的审美创造能力,这对全面发展高素质人才有着极其重要的现实意义。

1.有利于提高大学生的思想道德素质

良好的思想道德素质对于大学生的成长至关重要。一部优秀的作品可以激发人们的情感,这是不争的事实。通过接受艺术审美教育,高校可以让大学生从美的形象中体会到思想的深刻含义,理解它反映的人性力量,并在精神上得到满足。此外,艺术作品还可以唤起人们的心灵震撼,激发强烈的人生情感。通过养成高校大学生自身端正的艺术审美价值观,提高他们的艺术审美才能,可以有效地唤醒他们对祖国发展建设的热情,让他们珍视中华民族优良传统文化精神,增强他们的民族文化自信和荣誉感。

2.有利于提高大学生的科学文化素质

文化素质教育的内容涵盖了多个领域。从教育目标来看,政治、历史知识可以提高学生的社会责任感,帮助学生明确未来的发展方向。哲学可以让学生更加深入地思考问题。文化艺术作品能培育学生丰富的想象力和创造性,提升学生的能力。研究表明,人脑的左半球一般负责逻辑思维,也就是理科逻辑思维;而右半球则负责形体逻辑思维,也就是文艺逻辑思维。美学审美教学的核心价值在于培养人们的形象思维能力,因为审美观教学工作过程要求具有想象力和创造力,而这些能力是进行审美思维教学工作的基础。爱因斯坦曾说过,想象力比科学知识更关键,因为科学知识是限制的,而想象力则能够总结当今世界上的事情,驱使着时代向前,是科学知识蓬勃发展的根源。通过艺术审美教育,高校学生能够培养出具有逻辑思考、形体思考、科学技术思考和美学思考的才能,从而获得更高水平的思维能力。

3.有利于提高大学生的心理健康素质

培养审美素养对于大学生的情感世界和人格发展至关重要。艺术教育以情感为纽带,通过亲身体验促使学生投入情感,从而提高学生的审美能力。这种方式不要求灌输教育、帮助和理解,也不要求毅力和勇气,只是让学生感受艺术形象,让他们感受到艺术的魅力,从而获得良好的教育效果。经过审美素养的培养,学生可以获得自我教育,从而改变自身的性格,净化心灵,放松身体,消除疲劳,促进学习,在不知不觉中受到艺术的熏陶,在艺术氛围中完善自身的人格。

四、艺术教育对提升大学生学习能力与专业素养的作用

(一)艺术教育提升学习能力

提升学习能力可以从两个方面看:一是智力因素;二是非智力因素。智力是一个人成长过程中不可或缺的元素,涉及人们对事物的理解、认知和分析,以及通过自身经验和思考来解决问题。智力的开发受到多种因素的限制,包含精力、思考力、分析能力和创造力等。除了智力因素外,非智力因素也是重要的限制学生成绩提升的因素,如兴趣、意愿、性格、倾向等。然而,在传统教育中,学校、教师、家长和社会都更加注重智力因素,忽略了非智力因素,这种偏见阻碍了学生的发展。因此,高校应该注意培养非智力因素,以促进学生的全面发展。通过激发学生的学习热情,能使他们具有学习主动性,而这种动机的形成,很大意义上取决于非智力因素的作用。

高校艺术教育对于素质教育有着十分重要的推动作用,意义重大。艺术教育不仅影响着高校学生的智力发展,还可以推动高校学生的兴趣、性格、意志力等非智力因素的发展和提高。可以发现,艺术教育对于学生的思维方式、兴趣性格、想象能力、观察注意力等都有非常正面积极的影响,能促进学生德育、智育的提高。艺术不仅有利于在科学研究的间隙放松心情、陶冶情操,更有助于培养自身的注意力,不断开拓自己的思维。由此可见,通过艺术感觉的培养与熏陶,学生的科学能力、科学素养会有更好的增强和提升。

因此,高校应该更加重视艺术教育,不断推动其开展和普及,以促使大学生自身的智力成长,培养大学生的手脑协调能力,丰富他们的想象力、思维能力和创造力,使他们真正实现德、智、体、美、劳的全面发展,并

最大化地挖掘他们的学习潜力。

(二)艺术教育提升专业素养

专业素养对应的是专业知识的培育。艺术不但可以提升品格,而且可以促进学生的智力发展。科学研究表明,艺术可以帮助人们开发右脑功能,进一步提高智能素质。因此,艺术对于培养学生的智力素质具有重要作用。爱因斯坦认为,音乐能让人释放自己的压力,让人的精神得到缓解,启发人的思维。当前,部分参与艺术教育选修课的学生,从总体结果上看,基本上都能更好地激发灵感,智力得到更好的提升,这些都和艺术本身的影响力分不开。

五、高校艺术教育促进大学生全面发展的策略

(一)正确认识艺术教育对于大学生全面发展的重要性

1. 摆正艺术教育的位置

要想使艺术教育发挥实际效用,必须在认识上提升相关的重视度,改变相关的观念,端正师生态度,让学生接受、理解,不但能理解,而且能深深地感知,借助于此促进学生的全方面、多层次发展,陶冶学生的艺术情操,增强学生的艺术美感;让学生能真正体现自己学习的主体地位,让学生能在高校教育和环境的熏陶下实现艺术层次的提升。借助艺术教育,能提升学生的审美能力,拓展学生的思维能力,开发学生的创造力、协作力;让学生在心灵层面上得到更深厚的拓展、更和谐的发展,让艺术教育真正发挥自己的使命。艺术教育在学生一生中都扮演着至关重要的角色,高校应该正确认识和评估它的作用。通过艺术教学,学生的文化意识得到增强,文化视野得到扩展,文化素养得到提高,学生能更好地感受艺术的魅力,并更好地理解艺术与生活、情感、政治、历史、人性和民族之间的密切联系,清楚地了解人文发展的过程。艺术在人生发展中发挥着至关重要的作用,它能帮助学生更好地规划和统筹,并为他们提供精神上的激励。通过艺术,学生可以拥有一座稳固的成长舞台,并获益终身。

艺术在人类历史上一直是一个不可替代的存在,但是以前我国受经

济发展水平的限制,对艺术教育的重视不够。如今,随着经济的发展,人们对艺术的理解也在提高,艺术在家长、学生和社会中都受到了前所未有的重视,这为学生积极学习艺术提供了强大的推动力。这些因素都有助于高校艺术教育的发展。

2.转变艺术教育的观念

为了充分发挥艺术教育在整个教育中的重要作用,改善目前存在的问题,高校必须从根本上改变教育观念。首先,高校应该把艺术教育从被忽视的附属地位中解放出来,将培养学生的审美素养作为高校的主要目标和任务,真正实现艺术教育在高校育人工作中的独特地位。其次,高校要充分重视艺术教育的审美价值。通过艺术,高校可以提高大学生自身的文艺审美观才能,培训他们的形体逻辑思考,激发他们的创造力,培育他们的团体文化精神,让他们的内心世界更加美好、更加宽广、更加厚重、更加平等,这是美术在普通高校中的重要使命。最后,要正确认识艺术教育在大学生全面成才中的重要作用。艺术教育可以为学生提供一个广阔的视野,帮助他们建立社会文化认同,充实自己的文化背景,提升社会文化知识水平。通过艺术教育,学生可以更好地理解艺术与人类、民族、生活、情感、政治和历史之间的联系,培育出更优秀的、适应社会需要的高层次人才。

(二)设立艺术教育专职管理部门

自古以来,艺术教育与其他教育有着较大的差别,其教学内容不仅限于文字,还可以存在于意识及现象中,与生活息息相关;教育形式不局限于听课,反而亲手实践创作的学习形式最为常见;至于艺术教育的作用更是非一日所能看到,而是从深层次影响学生的方方面面。这些都是艺术教育的特别之处,想好好应对这一独特的教育类别,设立艺术教育专职管理部门,保障艺术教育的规划与实践更具有针对性和专业性,是一个必要之举。

建议高校开设艺术教育专职管理部门并下设多个部门,统一管理大学生人才培养方案中的公共艺术教育板块、艺术类选修课程、选修课程任课教师团队、学生艺术社团、校园艺术活动、艺术教育资金财务、场地使用等一系列艺术教育相关工作。应定期召开艺术教育座谈会议,听取各学院、部门意见,查找问题、引经据典、创新思路;加强对学校情况、师生意见的调研,针对公共艺术教育板块制订合理的人才培养方案;优化通识选修课艺术类课程体系,保障与艺术学院的沟通与合作;建立教师团队,实时对艺术类选修课的任课教师进行专业测评,定期组织任课教师进行专业学习调研,并完善艺术类选修课任课教师的奖励制度和工资保障;统一管理学生艺术社团,合理规划、宣传校园艺术活动;设立财务管理部门,全权分配、管理艺术教育的专项资金,及时与上级财务沟通交流,更快、更好地处理艺术教育实施过程中的资金运转情况;设立场地管理部门,制定合理适行的使用制度,一次性收集好所需信息与资料,简化办理流程,给学生提供真正的便利,并加大其自由使用权。艺术教育专职管理部门建立后,各个部门分工明确,是高校艺术教育逐渐走向成熟、稳定发展的基础与保障。

(三)优化艺术教育师资队伍建设

1.加强艺术教育的研究水平与交流合作

(1)提高高校艺术教育的研究能力和水平

一些人认为高校艺术教育就是上课听听音乐、看看画展之类的,这种想法是错误的,艺术教学并不简单,也需要不断更新理念、发展理论。从事艺术教育的教师需要来自高校的支持,就教育的难点和热点申请具体的研究课题,获得高校的持续关注,把理论和实践结合起来,把研究成果推广开来,从而推动艺术教学质量的提升,同时提高艺术教育教师的教学能力和科研水平。

(2)定期组织相关的交流培训

从事艺术教育的教师同其他专业教师一样,也需要开展对外交流和参加进修培训,接受当今世界更先进的艺术理论成果和不断发展的艺术理念。同时,艺术教育与其他学科存在交叉渗透,因此需要从事艺术教育的教师学习和借鉴其他学科教育的长处。就方式而言,高校可以定期组织艺术专业的进修、交叉学科的培训,也可以派遣本校的教师、学生外出参加表演和交流活动,还可以邀请校外专家来校讲座。

2.提高艺术教育教师的教学水平

从事艺术教育的教师必须认识到自己的教学性质,作为普及型艺术教育,艺术教育教师不能苛刻地要求自己和学生,一定要准确定位自己,清楚自身的职责所在。艺术教师都希望自身能拥有较高的艺术修养,但是他们的重点在于自身的艺术教育事业和工作。在教学活动中,教师应该把握重点,明确自身的教学对象,并依据学生的情况做出课程和教学方法的抉择,以实现更好的教学目标。同时,高校艺术教师还应该清楚地了解自己面对的学生年龄和性格不同,并采取适当的措施来应对这些差异。随着时代的发展,知识环境也在不断地变化,因此,艺术教师应该不断地认真学习和进一步提高自身的知识水平,充实理论知识涵养。大学是一个很好的学习场所,艺术教师应该利用这种教学环境来提升自己,完善自己,提高自身水平,并将自身的课程与其他学科融合起来,填补自身的空白。通过不断努力和认真学习,高校不仅能进一步提高自身的能力,还能让学生更全面地接受教育,进一步提高教学效果。

(四)准确把握艺术教育的目标

1.培养审美能力

艺术教育的本质是审美教育,培养具有艺术审美素养的人是它最直接、最主要的任务和目标。高校的美育旨在培养学生的审美修养,艺术的价值不仅仅体现在其美学上,更重要的是,它能激发学生的求真精神和求善意识。全国美学研究会会长说过,倘若艺术在求真,那么牛顿的三大定律便是最好的艺术。如果艺术在求善,那么道德教科书便成了最好的艺术。但它们都不具备观照的愉悦,缺乏感性显眼的形式,并不是艺术。艺术的审美价值的确与真、善都有联系,但不能与理性认识和功利考虑混为一谈。艺术教育的价值也不仅仅体现在培养学生的德行、提高智力和健美体魄上,更重要的是,它能提高学生的审美文化素养,并且有利于学生心理健康的发展,这才是美育最根本的价值所在。

2.全面培养学生的美术综合能力

艺术教育是一种面向所有学生的基础素质教育,旨在提高学生的审美能力。因此,评估艺术教育的成功与否,应该先考虑它能否为所有学生提供有益的指导。德国著名教育家福禄培尔说:"让每一个学生在某一艺术部门成为一名艺术家,这不是目的;让每一个学生在一切艺术部门成为一名艺术家,这更不是目的。因为两者本身是不可能成立的,尽管前者对每个人来说在一定关系上也许是可以这样说的。一个特定的目的应当是使每个人按照各自的本质充分地、全面地发展起来,使他能够从人的本质的全面性和全能性上去认识人,特别是……要使每个人懂得观察和鉴赏真正的艺术作品。"高校的艺术教育就旨在培养学生的审美素养,让他们能在艺术技能和技巧方面有所提升,而不仅仅局限于职业培训。只有这样,艺术教育才能真正成为一个培养全面发展新一代人才的摇篮。

3.重视和推广艺术教育

艺术教育应该重视艺术表现和欣赏,同时要培养学生的基本知识和技能。这种教育方式旨在培养学生的审美情感,并通过艺术欣赏获得这种情感。大学生在艺术欣赏、表现和创造活动中可以获得审美愉悦,但是如果忽略了这些方面的教育,就不能称为完整的艺术教育,也不能称为审美教育。因此,高校应该重视艺术欣赏、表现和创造这三个方面的教育,以便让大学生在艺术教育中获得更多的成长和发展。艺术教育应该注重培养学生的审美能力,并让他们在欣赏、表现和创造艺术作品的过程中学习基本的艺术知识和技能。这样才能为他们在未来进行创作打下坚实的基础。

(五)丰富优化校园艺术活动与社团建设

校园艺术活动是学生参与艺术实践、提升人文素养最自由的方式。通过参加各种校园文艺活动,学生可以丰富自己的知识储备,提高审美能力,深入理解人文思想,扩大交流范围,促进人文素养的发展和完善。如今我国高校校园艺术活动虽丰富多彩,但仍存在提升的空间。

1.加大艺术活动宣传力度

随着网络技术的高速发展,高校开展艺术活动多会采取在醒目位置张贴海报、公众号推送、学生传达等方式进行宣传,此等方法易被宣传地点、公众号关注人数、学生人际圈子局限。对此,可以由艺术教育中心宣传部统一出具一周或一月活动清单,由各班级辅导员转发至交流群,以便每个学生了解、选择自己感兴趣的活动参加;也可以将活动分类型张贴榜单,便于学生通过类别快速了解该类活动的计划清单。

2.丰富校园活动内容形式

要多听取广大大学生的意见,收集、创新更多学生感兴趣的活动。校园艺术活动虽多,但大多是喜闻乐见的几种类型,因此可以增加校外活动次数,组织学生参观艺术馆、艺术展览、文艺演出,鼓励学生参与校外的文艺比赛、会演、作品展等;还可以邀请名人、老艺术家、文艺团队进行专题性的大型活动,使学生沉浸在浓郁的艺术氛围中。

3.增加艺术活动资金投入

高校可以设立奖励机制,不仅能使活动开办得更加顺畅出彩,还能吸引更多不愿意参加活动的学生产生兴趣,并加入进来,一举多得。

除了校园艺术活动外,优良的学生艺术社团建设也能促进艺术教育的发展与人文素养的培育。学生可以参加自身喜欢的协会,通过实践和交流展现自我,并相互学习,从而激发兴趣,丰富课余生活,提高自身人文素养。

首先,高校应当加强对艺术社团的重视程度,给予社团更多的自主能动性。学校与社团都应端正态度,坚定社团建设是校园文化建设中不可或缺的重要板块,而非简单随意的学生组织。其次,应增加艺术社团数量,增加艺术社团种类,并且可以同种类分级别进行建设,不必坚持一种类型一个社团的生存模式。比如,歌唱类社团中,专业级、技术高的学生可加入"人气歌队",参与校内外比赛、演出等;歌唱水平一般但音准、节奏较稳定的学生可以加入"兴趣合唱队",排演小型合唱,参与比赛等;歌唱水平较低,但非常喜爱这项艺术的学生可以加入"K歌小队",团队可组织一些 K 歌、歌曲交流等活动。如此一来,加入社团降低了专业门槛,扩大了覆盖范围。最后,应当加强艺术社团的内部管理,增强社团的艺术带头作用,帮助参与度低的学生提高兴趣,使学生都能欣然向往,乐在其中。

(六)加强校园文化环境建设

高校的文化氛围是至关重要的,它不仅能让学生学到知识,还能培养他们的人格特质。因此,在实施艺术教育时,必须充分利用校园文化环境,努力营造一种良好的校园文化氛围,以培养优秀人才。

1. 加强环境意识教育,提高师生维护校园文化环境的责任感

为了让师生更好地理解校园文化环境的重要性,高校应该加强"环境育人"的教育,让师生更加清楚地认识到环境的重要性,并自觉维护校园文化环境。为了保护校园文化环境,高校应该加强对师生、员工的教育,特别是对学生的教育。

2. 打造独特的校园建筑风貌,体现高校的历史底蕴与现代进步

最能直观表现高校特色文化的就是校园建筑。进入任何一所高校,首先映入眼帘和留下深刻印象的都是校园建筑。有着悠久历史传统的高校,校园内往往保存着对应时代印记的建筑;有着深厚文化底蕴的高校,即便是新建院校的建筑,也会采用高雅大方、符合高校人文精神的风格。与此同时,高校的建筑在维护、新建的时候也会考虑现代化要求,具有通风透气、设备先进、管理便利的特点,让师生在校园中感受到环境的优美。

3. 尊重人的能动作用,师生为校园文化环境建设发挥主观能动性

校园文化环境建设需要师生的参与,更需要师生发挥主观能动性,积极营造良好的校园文化氛围。虽然环境能改变人,但更重要的是人能改造环境。高校要鼓励师生化被动为主动,自觉参与改造校园文化环境,在建设校园文化环境时,高校要重视师生及其他人员的意愿,引导他们营造良好的文化氛围,从而充分发挥校园文化环境在大学生综合素养和全面发展中的重要作用。

第三节 高校艺术教育与培养高素质创新型人才的研究

一、艺术教育对培养高素质创新型人才的基础性作用

(一)艺术教育为大学生创新能力的培养打下了物质基础

1. 艺术教育能促进大学生的身心健康

艺术可以让人们感到愉悦、放松,减轻工作和学习的压力,甚至可以治愈身心上的疾病。例如,音乐一直被认为是有益健康的。古希腊哲学家毕达哥拉斯曾说过,适度地享用乐曲,有利于心理健康。由此可见,艺术能帮助人们放松身心,为大学生提供了充分发挥创造力的机会。

2. 艺术教育能促进右脑的发展

人类大脑右半球负责认识空间和图形,因此在欣赏艺术品、建筑物、自然风光、音乐和舞蹈等方面发挥着重要作用。通过直觉观看事物,掌握总体,这正是所谓的意象思考。在原有的高等教育模式中,大学生的右半脑备受抑制,阻碍了创新能力的发展。而艺术教育则可以改变这种状况,让左、右半脑得到平衡发展,使两者得以有机结合,进而培养优秀、先进的思想,激发人们的想象力和创造力。

(二)艺术教育为大学生提供了思想基础

艺术教育可以深刻地影响人们的道德观念、文化精神品格和意识思维,进而帮助他们达到更高的思想境界。创新是造福人类的伟大事业,需要人们全身心地投入。只有具备高尚道德情操和坚定精神信念的人,才具有创新人格。

艺术教育能帮助大学生培养坚韧不拔的意志力和严谨的行事风格。众所周知,很强的意志力、专注力和自信心对于提高艺术水平至关重要。经过刻苦学习,人们能进一步地磨炼、突破和革新,追求"无限风光在险

峰"的境地。进行系统、有序、有规律的艺术教育,有利于大学生养成严格精细、求真务实、勤劳踏实的思维习惯。

(三)艺术教育为大学生创新能力的培养提供了智力基础

知识是创新和创造的基础,它不仅仅是一种技能,更是一种思维方式和能力。

1. 艺术知识本身就是人文知识的一部分

文化艺术是人们探索和发展文明的重要工具。如高校学生通过观察中国古代文化遗产,可以了解中国古代的文化;通过研究金字塔,可以了解古埃及的文化;通过阅读《巴德农神殿》和《荷马史诗》,可以了解古希腊的文化。艺术文化是高校学生不可或缺的一部分生活,是构建高校学生精神家园的骨架,已经伴随着人们走过了漫漫的文明历史。因此,通过艺术教育能使大学生认识和领略中国几千年来璀璨的艺术文明,读懂中国传统和现代的艺术文化和艺术思想对人类发展的贡献,同时增强对世界艺术文明的了解,以丰富自我,提升修养。

2. 艺术与其他人文知识也有着密切联系

艺术是一部丰富多彩的百科全书,它汇集了哲学、道德、科学、风俗人情等各种文化学科,以独特的方式展现出人类最具代表性的思想、理想和情感。优秀的艺术作品不仅能让学生更好地理解世界,还能激发学生的灵感。艺术作品在不同时代、国家和地区都有所不同,要想真正理解它们的内涵,就必须对它们涉及的各个方面有所了解。要想创新,就必须具备必要的知识、丰富的经验和活跃的思维。艺术教育可以为大学生提供丰富的知识和智力,从而促进他们的成长。

二、艺术教育对高素质人才创新思维能力的作用

(一)艺术教育培养直观的洞察力

笛卡尔认为,人类具有两种独特的理解能力,即直觉和演绎,或者说

洞见和睿智。前者可以用来审美,后者可以用来探索科学。卡希尔认为,艺术是一种对世界的解释,它并非通过观念,而是通过直觉;并非通过思维,而是通过感性形式。通过艺术的情感表达,学生可以更直接地感受生活的本质,并洞察世界上微妙变化的现象。直观洞察力是人的重要意识能力之一,在人们生活中起着重要的作用。尽管直觉的认知可能不是一个确定的、多义的概念,但是它可以帮助学生避免理性思维中的概念式简化和推演式概括,从而使学生更好地理解现实世界的复杂性和丰富性,并将其视为一个有意义的整体。实际上,在优秀的艺术作品中,艺术家总是能在感性形象的背后发现它们的真正见解,甚至是"只能意会,不可言传"的。

(二)艺术教育培养人的想象力

没有想象力,人类精神文明将无从谈起。想象力给人们的生活提供了无限的快乐和价值,但是想象力并非先天就具备。约瑟夫·艾迪生曾经提出:"一位有道德教养的人能够在一切他所见到的事情中想象出某些特点……他似乎以一套全新的视角来观察世界,找到了一套独特而迷人的组合,而这个吸引力是普通人无法感知到的。"而这种教养完全可以通过艺术教育来获得。优秀艺术作品总是体现着艺术家的多种想象,艺术家独具慧眼、匠心独运地对世界的认识和评价也可以大大激发人的想象力。

(三)艺术教育培养人的创造力

艺术是人类创造的结果,它能扩展人们的想象空间,激发人们的创造力。艺术能培养人们对完美的追求,让人们对多样性和统一性产生兴趣,这将激发人们的创造力,并最终表现为行动。在艺术史中,各种艺术的发展和创新总离不开对前人艺术创作的继承和吸收。研究结果表明,艺术教育能加强人的大脑功能,有助于发展学生的思维能力,也有助于传统学科学习的整合和融会贯通。

三、艺术教育特性促进和形成高素质人才的创新能力

(一)艺术教育的多样性是促进创新思维的主要因素,更是培育创造力的根本

艺术教育的多样性可以唤起人们对自然的热爱,让人们在艺术世界中探索自然的奥秘,感受生活的美好,体验社会的多彩。这些艺术形象可以让人们更加深入地了解世界,并且保持对它的好奇和浓厚兴趣。好奇和浓厚兴趣是创新能力培养的基石,在艺术教育中,它们可以激活人的热情,并通过教师的正确指导,培养学生对创新性活动的专注力。学习和需求是推动学习进程的最重要因素,它们能够调动学习者的积极性,并且具有无与伦比的力量。

艺术的多样性为大学生提供了丰富的信息来源,使他们能更好地理解和探索世界,并从中获得创新灵感。这有助于他们拓宽视野,并不断提升自己的能力。

(二)艺术教育的情感性是培养学生创新能力的重要因素

艺术教育可以激发人们的创新欲望,培养他们的创造力,从而丰富他们的人格。因此,要想进行技术创新,情感是必不可少的,它可以点燃技术创新的火种,激发人们的创造力。艺术情感可以激发人们的潜能,让他们在面对挑战时保持冷静和自制。这种意志力是成功的关键,它能帮助人们克服困难,并为国家和人类做出贡献。

另外,艺术作品中展现出来的对美好事物的渴望,激励大学生不断努力,创造出更多的创新产品。艺术作品是一种情感的表达方式,它能激发人类的创新能力。自信心是创新能力的基石,而艺术作品教育能帮助人类从生理和心理上实现全面的转变。特别是音乐,它那富有感染力的情感语言能让人类的心灵从安静状态转变为激动,进而激发出很高的创造热情。当人类走进情感领域,建立起自信心,克服自卑、自怯、自惭等心理,勇于挑战自我,拥有创新的勇气和智慧时,才能走向成功。艺术情感

的渗透和催化使这种创新能力得以实现。

(三)艺术教育的独创性是创新能力培养的牵引力

具备很强创新能力的人都是很有个性的人。相反,一个没有自主意识和独立思考能力的人,无法谈论创新。在这方面,艺术教育具有不可替代的作用。艺术活动是个性鲜明、创新品质极高的活动,因此艺术教育不仅能促进个性意识与社会意识的和谐发展,而且能让人们获得自由,从而实现自我价值的最大化。艺术教育的独创属性不断地给予大学生一种向上的牵引力,使他们渐渐养成不唯书唯上、不随波逐流、不追赶时髦、不趋炎附势的思维或行为习惯,从而培养出自己独特的个性、魅力或风格。

如果没有人的个性的充分发展,没有丰富的想象力,人就不会有创新能力。只有尊重个性,发展个性,才有利于创新能力的培养。艺术教育会为个性的发展提供最佳的发展环境,因为艺术使人处于一种最自由的状态,它使人的个性得到最充分的发挥。同时,艺术作品具有模糊性和不确定性,这为受教育者提供了广阔的选择空间。受教育者的心理特征各不相同,受年龄、性别、后天经历和文化修养的影响,无法完全一致。因此,受教育者可以根据自己的独特性在艺术作品中直观地感受自己,从而产生不同的审美体验。艺术教育不是为了抹杀个性,而是要尊重和发展个性。而个性的充分发挥又有助于激活创新思维,使人能大胆地去想象,去创造。没有个性的展示,没有想象力和创造力,就不可能有丰富多彩的世界。因此,通过培养和发展个性,艺术教育可以有效提升创新能力。

(四)艺术教育的开放性是创新能力培养的持续动力

艺术教育的开放性是促进艺术发展的动力,其变化是创新活动的基础。通过艺术教育,大学生可以摆脱传统的思维定式,拓宽视野,培养宽容的心态,激发创新精神,并为实现自己的梦想而不断努力。艺术教育鼓励大学生像海绵一样不断吸收新知识,在"拿来"中创新,在借鉴中创新,从而形成开放的文化观念和未来文化意象,为社会带来更多的发展机遇。通过这种方式,学生可以打破传统的思维模式,摆脱束缚,激发思维活力,并建立正确的评价标准和价值体系,为培养创新能力创造一个良好的环境。

(五)艺术教育的形象性是创新能力培养的提升力

形象思维能力对于创新人才的培养是必不可少的。艺术思维具有非凡的跳跃性,它可以极大地拓展学生的思维,打破传统教育中以逻辑思考为主导、强调概括的单向思考模式,让学生拥有更多的发散思维,从而形成一种融合逻辑思考与表象思考、概括思考与表达思维的创新思维。

1.艺术教育有助于培养大学生的观察思维能力

敏锐的观察力是创新者必不可少的素质之一,它不仅可以帮助学生发现日常生活中的新问题,还能帮助学生快速捕捉事物的主要特征。人只有具备这种能力,才能真正发掘出问题的本质,有才干者也总是以高度的观察力著称的。观察是模仿的基础,模仿是创新的前提,所以高校必须十分重视大学生观察能力的培养。观察能力不是天生的,也不是从天上掉下来的。一方面,观察能力需要各科专业教育的长期培养;另一方面,艺术教育对培养大学生敏锐的观察力有着其他专业学科不能替代的迁移作用。

2.艺术教育有助于培养大学生的想象思维能力

人类创新潜能的发掘需要敏锐的感知力和丰富的想象力。科学也须提出假设,并通过实验来证明其准确性,以便更好地发现新的可能性。人在头脑中对所创造的事物的预先假设,这就是想象。可以说,世界上的许多科学创造都得益于艺术想象的启发。在培养想象力方面,艺术教育有其得天独厚的优势。艺术作品是一种独特的信息形式,它兼具自由、模糊性和变数,这些特点为人类创造了无尽的想象余地,充实了他们的思维。艺术作品的功能和美学特点决定了它在人类文明中的重要地位,如《十面埋伏》通过琵琶演奏出的民族性乐曲,让人想起了古战场上的战争场景。在这首曲子中,模仿战马嘶鸣的旋律让人感受到战争的恐惧和灾难。由此可见音乐作品能激发人类的情感,并将他们带入想象的世界。这种想象不受语言和画面的限制,人类可以自由地进行想象,并产生各种各样的幻想,每个人的想象都是独一无二的。

（六）艺术教育的实践性创新能力是促进行动力的重要因素之一

创新或创意不能只停留在口头或是脑子里,创新的激情、创新的想象、突发的灵感等,最终只有付诸实践才能转化成创新成果。如今一些学生行动能力弱已经成为阻碍其创新能力发展的一种重要缘由,而艺术教育是一种强调实践性的教育方式,掌握任何一种艺术形式都需要通过实际操作来提高技能和能力。通过艺术实践活动,学生可以熟练掌握艺术理论知识和技能,并在实践中不断探索、表达、比较、分析、归纳和推理,从而提升艺术思维能力,更好地理解艺术作品的内涵,并将创意付诸实施。这是一种充满乐趣的尝试,因为只要肯动脑、动手,就能获得成功,学生会在每次的成功中体验到无限的喜悦和满足。通过创作活动,学生可以更好地激发自己的创新欲望。如在音乐教育中,创作是提高音乐智能的有效方法,它能够将所学知识和技能运用到实际生活中。显然,在学习音乐作品的过程中,创造力是非常重要的,无论是作曲、演绎或是聆听,都能发挥出思维的潜力。通过音乐实践,学生可以主动创造出美丽的动作、声音、形态、旋律,这种无处不在的创造性活动对于培养学生的创新能力非常重要。

综上所述,艺术教育可以使大学生的创新潜能得到挖掘、发展和提高,并使大学生形象思维、创新素质和主动适应能力得到发挥和实现。艺术教育不是一般的提高审美能力和陶冶情操,它对人的智力开发,特别是提高人的创新能力,有着重大意义。

四、高校艺术教育与培养高素质创新型人才的策略

（一）创新艺术教育教学模式

1. 增加网络教学

由于互联网的发展,电子产品(如电脑和手机)早已成为人们生活的一部分。这些产品的出现大大加快了信息的传播速度,使人们能够轻松

获取各种信息。信息技术背景下,人们获取资讯的途径更加多元,其无论在生活与工作上,都更具有现代气息。而教育领域作为培养人才的主要基地,更应与时俱进,将最新的技术与管理观念等融入相关管理工作。信息时代,计算机技术已成为高校学生必修的一门重要课程,也是他们必备的学习与工作技能。计算机技术的发展为高校学生提供了极大的便利,不仅可以辅助学习和改善生活,还可以丰富他们的娱乐文化生活。随着互联网技术的迅速发展与普及,当代学生对计算机技术越发熟悉,甚至很多学生在高校专业学习过程中都需要使用计算机来进行建模和实验。计算机技术为高校艺术教育提供了一个新的机会,互联网技术则能以多种方式传播信息,帮助学生学习。在互联网中浏览各类网页信息,大数据与云计算的更新换代都让信息传播的速度迅捷无比。同时,借助网络传播的艺术作品具有立体性和全面性,借助计算机技术(如音频和图片),可以以多种方式展示艺术作品(如表演和绘画)。

在高校教学中借助网络,能将那些典型的舞蹈、影视等文艺表现形式传递给学生,让他们在观赏自己的表现时,也能受到艺术作品的陶冶,从而更好地感知艺术作品,并从中获得创作艺术作品的快乐。

2. 开展第二课堂

高校教学活动多种多样,其中,第一课堂是指学生在学业上的学习,第二课堂则是指学生在学业之外进行的各种活动。这些活动既有趣又富有创新精神,能让学生更好地理解和掌握知识。第二课堂教学在培养学生综合素质这一方面发挥着重要的作用,广大的高校教师,甚至高校学生也十分喜欢第二课堂这种学习形式。第二课堂与高校艺术教育一样,都是根据大学生的心理健康和学习兴趣,提供多种形式的文娱体育教学活动和参与实践活动。比如,到历史文物馆参观历史文物,到绘画馆欣赏艺术作品,到声乐厅享受一场文艺宴席等,这些社会活动都能充实学生的课余生活,提升他们的综合能力。因此,这种第二课堂的开展和高校当中艺术教育的开展,在一定程度上是异曲同工的。第二课堂可以成为艺术教育的一个课堂、一个支柱,在开展第二课堂的过程当中,将艺术教育融入其中,不仅让高校青年学生得以放松身心,获得自己的兴趣点,还可以让他们受到艺术的熏陶和影响,自觉或者不自觉地享受到艺术的给予,以此不断完善自己。

(二)搭建艺术教育交流的平台

1.深化校际的合作交流

我国的高等院校类别众多,不仅有传统的综合型高校,也具有独特学科专业性质的理工类、文史类、经济类等多种类型的高等院校,它们在学科专业发展和培养领域都有着自己的特色、优点,为社会发展做出了重要贡献。所有高校应该充分利用自身的特色,汇总和概括一些高校在美育领域方面的优秀做法,吸取其在美育领域方面的成功经验,以此促进学生综合素质的进一步提高,从而更好地激发学生的潜力。为了让学生成功、成才并发挥全部才能,高校必须创造有利的条件,为其未来发展打下坚实的基础。

在促进跨校协作和文化交流时,高校教育管理者应该拓宽视野,借鉴国外高校的各种资源来引导艺术教育,同时要尝试与外国已经发展成熟的高校合作,一起促进艺术教育对大学生成长的积极影响。各类高等院校应该联合,一起探索新的方法来提高教学质量。通过将艺术教育与美育的校际交流合作从国内拓展到海外,使其更具有国际化特色,从而培养出更多符合社会发展需求的国际化人才。

2.扩展社会外部交流

高校艺术教育的范畴不能局限于高校,而应当拓展思路,从更广阔的角度来看待这一领域。艺术神秘而高尚,但也并不仅仅如此。事实上,艺术也不受"阳春白雪""下里巴人"的限制,每个人都有权利去欣赏和创作艺术。如果把高校的艺术教育局限在高校中,就缺乏了真正的"灵魂"。艺术教育需要社会和高校之间的合作与发展。艺术无处不在,它源于生活并超越生活,脱离实际的艺术不能被称为艺术。高校教育管理者和教师可以利用社会资源,如聘请篆刻家、绘画家等文艺工作者来校举办座谈会,与学生进行互动,或者邀请表演艺术家、声乐团、歌舞剧团等以演出的方式增强学生的艺术感受。此外,还可以聘请一些民间艺术团体来校交流。这种方式能为大学生提供更开阔的视野,让他们更加深入地理解艺术。这对于培养大学生的艺术自觉性也是非常有益的,让他们能更加自然地感受到艺术的魅力。

高校应该不仅仅"吸引来"外部文艺作品,还应该带来自身的"走过去"的作品。这种艺术展示不但能锻炼和促进大学生的艺术修养,也是向外界展示高校文化建设的重要方式。在社会磨炼中,热爱美术的大学生可以更加深入地探索美的奥秘,通过与他人的交流来学习外界的经验,汲取优点,抛弃缺点,不断完善自我,从而更好地理解艺术,提升逻辑思维和形象思维能力,并将其应用于实践。

第六章 高校艺术教育管理研究

第一节 我国高校艺术教育管理的基本概况

一、高校艺术教育管理的基本内涵与特点

艺术教育管理是以艺术为媒介而进行的教育管理活动,它强调落实艺术教育管理的目标,并对学生的艺术作品表现进行控制和调节。在高校艺术教育管理中,高校必须重视并遵守美育的基本规律,并将艺术作品作为一种工具来传递信息,以确保艺术教育的有效性和规范性。高校艺术教育管理有以下三个特点。

第一,高校艺术教育工作的重点是教师和学生。他们不仅是艺术教学实践活动的重要参与者,更是教学的核心。老教师经验丰富,青年教师则在思维创新能力方面更加突出,也更容易接受新技术与新理念。教师需要负责管理和指导学生,帮助他们掌握更多的艺术知识,并在学习过程中不断提升自己。学生也应该积极参与艺术教学,为自己的审美能力发展做出积极的努力。因此,高校艺术教育的成功不仅取决于教师和教育管理者的努力,也取决学生的自我管理能力。要想获得最好的教育成果,就必须依靠教师和学生的共同努力。

第二,高校艺术教育管理与引导应当统一思路,以确保教育活动的顺利进行。在管理的各个环节,应当充分考虑艺术教育的重要性,并将其与专业教育紧密结合,以确保教育质量的有效提高。

第三,高校美育的管理应当与其目标保持一致。根据有关部门的规定,高校美育的主要目标是培养学生正确的文化审美观和文艺观,让他们

拥有健康良好的品德,进一步提高他们对美的感受、欣赏、表达水平和创新能力。实现高校艺术教育目标的管理过程非常复杂,通过潜移默化的美育活动,高校可以培养学生的文化审美才能。因此,艺术教育管理的一致性对于实现目标至关重要。

二、高校艺术教育管理的三种基本模式

我国学者刘庆青研究我国高校艺术教育管理,在其《普通高校艺术教育管理模式微探》一文中,把高校公共艺术教育管理分为三种模式。

①单向结构型模式

单向结构模式是指一些学校不重视艺术教育,只是根据教育大纲开设部分艺术教育课程,这些课程在教学上由教务处管理,却没有与之对应的领导机构。

②垂直领导型管理模式

垂直领导型管理模式即在高校设立文艺教育领导组,负责统一管理高校的美育工作,包括选修课、校园文艺活动等。这种方式可以调动教师的兴趣,提升他们的创新能力和自主性。

③网络结构型模式

网络结构型模式是一种以艺术教师为核心,团委、学生会和社团为辅助,教务处为支撑的多层次艺术教育活动,旨在激发师生的主观积极性,扩大学生的认识面,提高他们的文化素养。这种模式既可有效提高学生的学习效果,也有利于促进学生的全面发展。这种模式较前两种模式更适合高校的艺术教育管理。

三、高校艺术教育管理现状

(一)高校艺术教育管理机构的设置

目前,在我国高校艺术教育方面,没有统一的教育管理机构。有些高校设立了"艺术教研室",有些高校设立了"艺术教育中心"或者"艺术学系"。这些机构的性质和工作范围不相同,挂靠的部门也不一样。有些高

校的艺术教育机构只具有教学功能或者只具有行政功能,而有些高校的艺术教育机构既有教学功能,又有行政功能。

(二)高校艺术教育管理行为方式

高校结合自身的实际情况,以艺术教育课程建设为切入点,加强艺术类课程的建设,落实艺术教育的要求和目标,旨在提升大学生的艺术修养。许多高等院校开办了各类文艺演讲和公共课,以迎合大学生的求知欲。此外,加强艺术类课程的建设能更好地促使大学生受到艺术教育,一些院校甚至在艺术课程的学分上做出了明确的规定。另外,还有一些院校成立了文艺协会,举办各类多姿多彩的学校艺术活动,营造出美好的文艺气氛。

高校文艺教育旨在为所有学生创造一个展现他们文艺才能的平台,通过开展各类优秀文化美育活动,如合唱团竞赛、文化节、校园歌手竞赛和大学生文艺节等,促进高校文艺教育的健康发展。

四、高校艺术教育管理的主要问题

(一)对艺术教育缺乏认知和重视,缺乏深入的理解和实践

国家对艺术教育的重视程度在逐渐提高,制定了一系列的管理政策,这些政策都是为了更好地推动美术教学的发展。通过这些管理政策,我国的艺术教学得到了广泛推广,越来越多的人认识到了艺术教育的重要性,并将其视为教育教学的一部分。虽然取得了一定的成绩,但是我国艺术教育的整体水平不高,各个环节仍存在着亟待解决的问题。

领导者的重视程度是决定我国高校艺术教育水平的原因之一。如果各级领导人员没有给予艺术教育工作足够的重视,那么就会出现许多问题,并无法得到有效解决。为此,教育部出台了一项明确的文件精神,要求高校设立文艺教育委员会或者美术领导小组,并配置一名校级领导人员来分管高校的美术工作。

(二)管理机构不健全、职能不明确

艺术教育在高校管理中缺乏完善的机制,许多高校将其纳入艺术学院、教务处、校团委、学生处等机构的管理范围,以确保其有效运作。

目前,我国高校艺术教育管理机构的设置较为混乱,一些高校是由多个部门共同管理的,在实施过程中衍生出一系列的问题。学院负责管理培养优秀的专业师资,教务处负责管理安排课程和设施,校团委负责管理组织学生的文艺社会活动,学生处负责统一管理学生的社会活动,并且需要向学院提供资金支持。这样的管理不仅影响艺术教育的整体质量,而且会耗费大量的时间和精力。

艺术教育在高校中的发展取决于是否有健全的管理机构。许多学生认识到,艺术教育应该由一个独立的部门来管理,而不是与其他部门平行。这样,艺术教育才能发挥出最大的作用,并得到有效的管理。因此,艺术教育的管理应该得到重视和保障。

(三)经费投入不够

缺乏足够的资金投入一直是阻碍高校艺术教育发展的因素之一。由于经费的制约,很多工作难以开展,如师资的待遇和培训、课程的开设、设备的更新、教学场地的配备、校园艺术活动的开展、艺术交流的进行等。艺术教育是一项需要大量资金投入的高成本教育,不同的高校在这方面的投入和支出可能存在差异。这些资金通常包括课时费、会务费、学术交流费用、科研费用、艺术团的运转费用和艺术活动费用等。为了让每个在校生都能享受到学校的艺术教育资源,学校必须在软件和硬件建设方面提供足够的资金支持。因此,资金短缺已经成为制约艺术教育发展的一个重要问题,需要尽快解决。因此,国家的相关管理部门及各地方高校的管理机构应针对不足及时制定相应政策,调整整体规划,以保障我国高校艺术教育的正常运行及整体水平的大幅度提高。

第二节　我国传统高校艺术教育管理模式的困境与转型研究

一、我国传统高校艺术教育管理模式的困境

艺术教育管理是高校艺术教育开展的重要保障,是体现艺术教育地位并落实教育目的的重要手段。高校艺术教育在不断发展的过程中形成固有的管理模式——碎片式管理,也正是这种碎片式的传统高校艺术教育管理带来了诸多问题。

(一)机构糅杂

虽然许多高校在努力提升艺术教育水平,但是其管理工作不严谨、缺乏科学归属,导致艺术教育处在多头管理或无序管理工作的状况。尽管这些学校在表面上给予了艺术教育一定的重视,但是实际上忽略了整体素质的提升,只关注学科专业教育。

从机构设置来看,大多数高校的艺术教育机构隶属于二级学院人文学院、艺术类院系或行政职能部门教务处、团委以及工会等。一些院校艺术机构由学院教务工作处负责管理,因为它们需要安排课程,将艺术当作一种活动。另外一些院校艺术机构则由院党委宣传来负责管理,因为它们认为艺术与学院宣传相关,并且与学院政治思想文化工作有联系。还有一些院校艺术机构由团委负责管理,因为它们认为艺术与社会关系密切,所以应该由团委来接手。还有一些院校艺术机构挂靠艺院,因为他们认为技艺性的课程由艺院来承担较为容易。还有一些院校仅以发文的多种形式宣布设立艺术管理中心,这样可以更好地管理艺术教育工作。一些高校的艺术教育教师,更是因为学科的边缘管理,缺乏规范化、系统化,而面临作为教师身份的尴尬,在待遇、考评、职称、工作业绩等的考核上存

在盲区。

(二)结构单一

传统高校艺术教育管理存在着结构单一、平台教学模块少的问题,这使得许多学校只能依靠课堂教学和校内艺术文化活动实现艺术教育的目标。然而,这种方式往往缺少创造性,根本无法适应学习者的个性化要求,也无法有效激发学生的艺术兴趣。许多学校活动缺少创造性,不能从根本上鼓励学生参与各种精彩的校园文化活动。这些活动仅仅是艺术团或零星的活动,学习者很难充分运用所学的理论知识和技能,也不能获得明显的艺术素养提升。此外,欠缺与之相配套的平台模块,多平台的校园文化活动和第二课堂等网络平台的开设也相对不足,学习者进行艺术实践的氛围远远不够,导致学习者欠缺美术陶冶和发散性逻辑思考练习。因此,将所学的学术基础理论知识转化为艺术修养是一项艰巨的任务。

虽然许多高校每年都会按照一定的程序实施校级项目,但是在平台拓展方面仍然存在一些问题,比如,艺术团如何发展、如何将校内项目推向校外、如何更好地为当地经济文化发展做出贡献等。又如,校园艺术展演项目、艺术实践与竞赛等项目,虽然有着高校特色,但是缺乏"面向全体,人人参与"的效果,使得非艺术专业的大学生项目停滞在娱乐性和个别项目层次上,缺乏系统性和规范性。艺术教育活动的资金投入相对较少、经费有限,政府和私人捐资也很少。尤其是缺乏长期机制,一些高校的艺术类活动更多的只是为了应对检查和评价,并未认真在制度、教育模块的建立上下功夫。

(三)内容陈旧

艺术课程是高校艺术教育实施的重要内容和途径,但是在当前的高校中却普遍存在艺术课程体系缺乏变化发展或不完善的现象,导致艺术教育发展不平衡。一些高校忽略了学生的主体性,忽略了人的内心需要、生存发展目标、人格情感沟通和社会价值信念,未能反映"以人为本"的教学理念,限制了人的个性发展。

艺术文化教育在高校中的设置存在着许多问题,其中包括课程内容缺少科学性和合理性、教科书选用随意、没有系统规定、教学方法陈旧老套、教学活动设备简陋、教学活动方式简单滞后。高校没有真正充分发挥艺术教育的作用,没有切合学生的学习需要,也没有深入挖掘他们的艺术感知。教师缺乏自我激励、自主意识,在教学中缺乏自由氛围,导致课程内容缺少创新性。

(四)功能紊乱

当前,"求真、尚善、启美"的艺术价值要求被高校艺术教学所重视,旨在以美导真、以真入善、以善启美,以求真为动力,以尚善为终极目标,以启美为教学核心功用。然而,传统的教育管理模式存在着多种异化现象,使艺术教育的功能失去了平衡,无法发挥出其应有的社会价值,甚至有许多普通高校将"附庸教学"视为艺术教育的唯一方式。但实际上,审美能力提升是艺术教育的重要内核功用,它不仅能提升大学生的思想道德素质,培养学生的思维能力,形成健康的性格,而且能提升品德,推进智育。

艺术教育是高校素质教育的重要组成部分,其重要的核心功能之一在于能培养大学生的感知力、想象力和创造力。但是,现实的教育情况是过于严格地模仿"技能教育",而使许多高校把艺术教育视为一种技能培养,忽略了艺术精神的提升,致使教学任务和目标偏向于技能培养,不利于全面发展审美教育。更有甚者,将艺术教育当作谋取就业和名利的途径,这种功利主义和枯燥乏味的教育压抑了学生的兴趣,只能以社会权威、名家和主流风尚当作参照,改变自我,形成规模化、工具性和市场化的作品表现审美能力,最后的结果是扭曲了个人社会性。

二、传统高校艺术教育管理模式向现代教育管理模式转型的对策

(一)从传统教育管理理念到现代教育管理理念的转变

现代教学观念是一种基于当今社会、经济和文化环境的新型教育观

念,它不仅要求高校更加注重实践,而且要求高校在教学制度、管理体系等方面不断创新,以适应时代的发展。在当今这个充满挑战的时代,高校必须摒弃传统的教育方式,并在现代教育理念的指导下,进一步增强高校的思想意识。因为现代社会是从过去的社会演变而来,所以需要改革的是那些不适应社会主义现代化发展的传统教育,优秀的东西则应当继承发扬。

美育在于提高学生的人文主义知识水平,塑造健全的个性,发展多元智力,并使他们将各个领域融会贯通。广泛适用的美育在于培育具备专业知识的美术家,通过对大学生的广泛教学,帮助他们提升审美能力,增强创造能力。强调和提升高校领导对美育的重视,是推动学校艺术教育课程取得成功的关键。加强普通高校负责人对公共艺术教育的认知,是实现这一目标的有效措施。

(二)深化改革,建立新的高校艺术教育教学原则和方法

建立高校艺术教育管理模式旨在培养具有全新的思维方式、综合认知能力和解决问题能力的大学生,要遵循教育学、艺术学、教学基本原则和艺术基本特征,要把握好大学生的艺术与审美心理发展规律,在分析和认识这些艺术教学实践中所具有的基本矛盾关系基础上提出的处理这些矛盾关系的实际工作要求。基于现代教育理论,结合高校艺术教育的特点,高校应该采取新的教育原则和方法,整合各种教育资源,使公共艺术教育管理更加科学和规范。

高校应在遵守教学原则的基础上,采用多种教学方法和艺术手段,充分发挥学生的公共艺术潜能,并结合相关学科,从多个角度和视野进行教学,增强艺术教育效果,帮助学生拓宽视野,开阔思路,增强审美意识,提升艺术修养。教师应该努力营造良好的艺术氛围,尽可能激发学生的积极性,让他们从被动接受转变为主动参与艺术教育活动。高校应该摒弃传统的"填鸭式"教学方式,充分利用先进的现代教育技术,让学生在感受外部刺激和进行操作性行为的同时,也能获得艺术审美的愉悦。

(三)构建立体的艺术教育实践平台

高校应该重视艺术教育实践平台的建设,以提升学生的审美体验。这需要建立一个有效的管理机制,以确保艺术实践活动的顺利进行。通过这种方式,高校可以为大学生提供更好的艺术教育体验。为了更好地实施艺术教育,高校应该建立相应的机构,由学校的副校级领导牵头,并与其他主管部门(如宣导部、管教处、学工部、团委等)合作,确定每年艺术教育活动的定位和主题,并制定有效的制度、措施和组织。把每年重要的校内、校外的文化活动和节目汇总,将其作为艺术活动形式形成长效机制,开展系列活动。

高校应在全校范围内营造良好氛围,抓好普及教育,让更多的学生关注艺术教育,参与其中,在丰富多彩的文化艺术活动中获得美的愉悦。高校可以把学校专兼职的艺术教师"包干到户",在学院和班级中普及多项教育和分类指导,提升艺术文化水平。

为了更好地发挥团队作用,高校应该重视大学生文艺团队的建设和发展,培养文艺兴趣爱好,并扩大艺术实践项目。高校应该通过各班、院系或协会的多种形式组织文艺团队,带动整个校园的文艺教育运动。通过结合普及和提高,高校致力于建立和发展艺术团,培养高素质的文艺人员,并让他们带动整个校园进行高质量的文艺教育。高校还可以创建一个文艺品牌,发挥它的优势,形成一个长期有效的艺术教育发展体系。为了提高校园艺术教育活动的水平和质量,高校应积极参与省、市级的示范性展演活动。高校应紧密围绕活动主题,集中精力制作、安排和上传作品,并参与各种小型艺术活动和比赛。高校还应建立完善的激励机制,以数字化的方式推进各种文艺教学实践和竞赛活动,并承担各类有关艺术活动的承办工作。当前,全国正在积极推广高雅艺术进校园活动,将丰富的艺术表现形式和文化传承带给大学生。在这项活动中,高校需要组织和开展各类活动,为艺术教育的推广创建良好的平台。艺术教育不仅应该在校内进行,还应该扩展到校外,从学校到社区,建立一个为社会提供公共服务的网络平台,以促进社会发展和学生的全面发展,如与地方政府紧密合作,建立研发中心,以提高艺术教育的影响力。

(四)建立有效的艺术教育的激励与评价机制

教育是一个复杂的过程,它有自己的规律。在教育管理工作中,高校教育管理者和教师应该遵循这些规律,建立一个高校艺术教育评估体系。应该始终牢记,大学生的全面发展是高校教育的目标,并将实现这一目标作为评估的准则。在高校中,如教务处和艺术教育委员会等,应该负责具体的评估考核工作。

为了实现艺术教育的理想,高校的领导层应该给予充分的重视,并建立有效的监督机制。此外,教育主管部门还应该将艺术教学的"美"指标和观测点纳入人才培养质量评估方案和当年教学评估中,以确保美育能够贯穿于人才培养的整个过程;加大对教育领导者和行政工作人员的管理力度,全面评价课程的质量、数量、教学资源及其设施,以确保教学质量达到最佳水平。应以符合艺术教育规律和特点为基础,建立一套完善的质量监控体系,以确保每个教学环节和实践环节都能得到有效的规范化和制度化。

为了保证艺术教育的有效实施,高校应该加强对教师教学的评估,包括评估教师的课堂教学能力、课程教授策略、使用的教材、课堂效果等方面。通过这些评估,高校可以更好地保障艺术教育的顺利进行。

此外,高校还要对大学生艺术教育水平进行测评。艺术教育的目标是通过培养学生实现的,因此高校需要对学生的学习过程和成果进行评估。通过观察学生在艺术教育中的表现,高校可以更好地了解他们的学习情况,并为他们提供更有针对性的指导。

在建立有效的美育激励和评价机制时,应当重点检查学校发展规划,以确保其具有科学性、实施成效和调整完善的能力。此外,应当对规划中的历史背景研究、思路、总体目标、责任、措施、规划的监控和评价等进行全面考察,以便更好地体现艺术教育的特点和重要性,并且根据高校的实际情况和发展趋势及时调整和完善实施中的规划。在制定评价指标和标准时，高校应该设计一个符合特征的评估方案，并组织相关部门进行自我评估，并将结果归纳为综合评估。对于评估结果，应及时反馈，如向校长和有关部门提出建议，同时应该增加评估的透明度，将评估结果公开，让全校师生都能清楚地了解自己的优势和不足，营造良好的评估氛围。高校教育管理的领导层应该对艺术教学获得的实质性成绩、荣誉和社会影响力给予奖励，以此来提高人们对艺术教学的重视程度。

(五)营造有利于艺术教育的社会氛围,促进社会发展

随着社会生活的不断变化，社会环境的质量也影响着高校艺术教育的发展。因此，高校应该努力改善校园环境和周边社会，为实现新的艺术教育管理模式打下扎实的根基，以促进艺术教育的持续发展。艺术教育与社会息息相关，为了促进其发展，高校教育管理者不仅要努力改善学校的教育环境，还必须寻求外部的支持。为此，应该重视社会人文艺术教育环境，如社会文化建设、民众文化、民俗学和大众传媒社会文化的建立，并在这些领域中普及艺术教育。同时，应该为青年学生提供优惠政策，以促进艺术教育的普及。让学生深深地被这种文化艺术氛围所吸引，充分发挥他们在社会艺术教育中的重要作用。随着社会发展和人民文化生活水平的提升，高校应当加强美育，普及美育，并且通过家庭、学校和社会的共同努力，来提高他们的文化艺术修养。

为了促进文艺教育的可持续发展，高校教育管理者必须加强法制建设。高校必须采取符合国家大政方针的文化发展政策措施，并有效实施这些政策措施，以规范社会文化艺术活动。在不同的历史时期，文化艺术的管理方式或许会有所不同。但是，无论严厉还是宽容，文化艺术都是国家意志的表达和表现，并受到国家相当程度的干预。

艺术教育要体现国家意志和人民审美诉求，通过艺术教育的推广，有效传播中西方优秀的艺术文化。艺术教育的每个问题都有其独特的特点，它们不仅仅是单独存在的，还会与其他因素相互融合，具有综合性和

全面性。因此,解决艺术教育领域的问题需要结合其他社会问题,才能取得最佳效果。学生艺术素养的高与低也是某种社会问题的反映,社会问题的解决需要从多个层面入手,而不是仅仅从精神层面出发,更要深入体制和物质层面,才能取得有效的结果,离开了后者,人文精神的提升也是难以持久的。因此,要解决类似的问题,应根据现有社会情况,从实际出发,真正有效地实施改革和完善各种制度;应根据时代发展,制定出符合社会发展客观要求和人全面发展的相关机制。

第三节　国外高校现代艺术教育模式借鉴与启示

一、欧洲艺术教育

艺术设计教育起源于欧洲,在欧洲现代社会发展中,艺术设计有着不可估量的作用和不可替代的位置,并且设计意识扎根于欧洲人的内心深处。欧洲艺术设计在全球范围内引领着时尚潮流,为科技发展做出了重要贡献,也丰富了人们的生活,提升了人们的审美观念和审美水平。

加拿大艺术教学管理模式的蓬勃发展与基础教育管理模式的改革密不可分,它强调学校教育和社会支持系统的有机结合,并且大力推行社会艺术家的指导,以促进艺术教学的蓬勃发展和实施。当地政府为了支持和赞助艺术家,要求他们每年为高校带来大量高质量的艺术作品服务。为此,当地政府和高校不仅定时举行大型综合性艺术活动,还设立了多姿多彩的艺术实践和艺术俱乐部,以满足学生的各种艺术需求。

德国包豪斯艺术设计教育对我国艺术教育模式的影响极大。包豪斯艺术设计教育旨在培养学生的实践技能、创新思维和独立性,让他们能够敏锐地观察问题并有效解决它们,从而更好地应对日常生活中的挑战。艺术教育特别强调实践环节的重要性。包豪斯艺术设计教育的教学模式是以着重培养各方面能力为主,而不是单纯停留在知识理论和技术的复制上。为了提升学生的实践技能,包豪斯艺术设计学院特别设立"作坊"工厂,这里既是课堂,也是实践场所。此外,该学院还采用了将工作室与社会项目相结合的教学模式,以更好地培养学生的实践能力。格罗庇乌斯是包豪斯的创始人,他大胆地改革了"艺术""技术",并以教育理论为基础,通过"作坊"来实现教学目标,将艺术设计教育从理论转变为实践。

二、美国的艺术教育

美国是教育领域的全球领先者,艺术教育也受到了美国政府的高度重视和投入。

美国高校的艺术教育深受德国和英国的影响。美国高校艺术教育看重艺术的价值理性,不把艺术当作教育终极目的,其在意的是通过艺术的教育激发受教育者对艺术背后的思想、文化、人性的思考与感悟,注重对人的创造性和人的发展造成的影响。美国在实施艺术教育时普遍宣称艺术教育是独立自成体系的,不具有社会伦理和道德教育的义务和作用。艺术教育的作用主要并不在于直接为某种政治目的服务,而是为了提高人的精神境界,提升人的灵魂,让人更完善更幸福。

美国为聘用教师制定了专门的、严格的录用标准,公开对外招聘制度。例如,教师要有相关的艺术教育经验,在艺术设计领域有一定的社会认同度或地位。除了这些硬性标准限制外,教师还要进行一系列的考试,对专业技能的测评和教育教学能力的考核。这样的艺术教师不仅知识结构系统化,专业能力也是不容置疑的。这样的教师入校参与艺术教育,不仅对学生有利,也给本校教师资源交流的机会,从而推动学生、教师共同进步。艺术设计教学不仅仅是传授基础知识,更重要的是将最先进、最实用的经验知识传授给学生,并通过实践来提高学生的能力。艺术设计教师通常具有较高的文化修养,这对学习者来说是一种很好的熏陶,因为优秀的教师能引导学生养成良好的学习习惯,培养他们的高尚情操。

三、当代国外艺术教育的特点

(一)教育内容上强调跨学科和综合性

跨学科和综合性是国外学校艺术课程建设的核心原则,也是其独特之处。这些课程不仅关注传统文化、民俗习俗,还重视艺术要素及其在审美过程中表现出的艺术性和个性特征,以此来激发学生的创造力和探索精神,培养其审美能力和创造性思维。

(二)教学方法上强调探究性和多元化

在国外艺术教育中,探究是一种重要的学习方式,它将艺术探索与科学研究紧密结合,以提高学生的创造力和实践能力。在国外,艺术教育强调培养学生的个性和独立学习能力,并且对教学要求非常严格。这种教育方式可以被视为科研,但也注重实践性和探究性。其在课程设置中安排了大量的自修时间,以便学生能进行探究性学习。通过综合运用多种教学方法,国外艺术教育的效果得到了显著提升。在实施艺术教育时,不同地区的学校采取了截然不同的教学方式,即使在同一专业和班级中也有着各自独特的教学风格,重点强调学校、社会和家庭之间的合作与互动,以促进教育的发展。

许多国家都非常重视艺术教育,并努力为其创造良好的社会环境和氛围。美国家庭也非常重视学生的艺术培养和熏陶,他们的住宅设计、布局、室内装饰和摆设都充满了艺术气息,让学生在家庭氛围中获得更多的艺术享受。

(三)教师队伍结构上强调专兼并举

外国艺术教师的综合素质非常出色,他们不仅拥有丰富的艺术教育实践经验,而且拥有广博的人文和科学知识,这使他们的教学更加全面、深入,更能满足学生的需求。艺术教师队伍具有专门的理论和丰厚的经验,也有兼职的教师,他们具有专门的教育能力,也有兼职的经验。

四、国外艺术教育对我国的启示

(一)现代化与民族特色相结合

民族风格是民族特有的、独具特色的,是别的国家无法复制的文化根基,融入民族风格的设计作品能代表本民族的风貌,时刻体现传统文化,是民族文化自信心的一种表现。我们应在发展现代化的同时完整地保持,甚至发扬本民族传统文化元素。在与现代设计结合的同时,找到一条适合民族发展的道路——现代化与独特个性、民族特色相结合的风格。在学习西方发达国家的优秀经验时,不仅要从中吸取教训,而且要有自己独特的消化和选择机制,加上本国传统文化的影响,使自身的文化、经济、政治都具有独特的意识形态,艺术教育也会拥有"现代"和"传统"两种不同的特色。

(二)不断改革创新,技术、艺术、人文相结合

欧洲包豪斯艺术教育对我国艺术教育的影响极为深刻且深远,其本身也曾对我国艺术教育产生过冲击。但同时应当认识到,包豪斯作为现代艺术设计教育的实验先行者,其发展一直都建立在改革创新的基础上。每个阶段,包豪斯都在不断调整教学体制和课程设置。从"双轨制"的启用到废除,从"作坊"到工作室制,从回到中世纪手工艺时代理想到"艺术与技术的新统一",每次变革都印证了包豪斯的革命性。创新让包豪斯占据了空前绝后的位置,在欧洲艺术教育历史中,包豪斯是前卫的改革派,将其置于自身的发展历程中,包豪斯依然是坚定的改革派。

21世纪,我国迎来了一个以信息、科技为主导的新时代,社会与经济发展促成了工艺美术教育向现代艺术设计教育转变,这一转变从根本上改变了今天人们思考问题的角度。现代艺术设计教育旨在培养人们的创造力,并将艺术、科学和文化融合在一起,以满足现代工业生产的需求。这种教育方式旨在促进人们的创造力和个性发展,为社会做出贡献。如今,我国的现代艺术设计教育已经处于世界领先水平,应该向前辈请教,向智者学习,向传统取经。艺术设计和艺术设计教育的发展更应该结合

人文精神,走向技术、艺术与人文的统一。

(三)引进外聘教师,交流、互动,弥补不足

高校艺术设计教育要着重培养学生的专业审美眼光和洞察力,注重对学生潜在力量的挖掘,培养具有高尚职业道德情操的设计者。我国的艺术设计教育教学可以聘用外来优秀教师、有经验的设计师、有一定社会地位的设计名家作为专业教师,来学校授课,无论是对学生还是对本校教师来说,都是学习的好机会。外聘来的有经验的教师、专家学者,他们无论是在艺术基础上还是实践能力上,经验都要优于在校教师,这就形成了师师互动交流的平台,不仅有利于提高教师水平,还可以弥补设施不全的缺陷。

(四)加强艺术教育与其他学科之间的联系

在发达国家,艺术教育注重将艺术与其他学科紧密结合,美国、英国和日本都在艺术教育中表现出情感与理性、逻辑与形体、历史与科学的融合,并致力于达到开发平衡。

为了提高我国高校的美育水平,高校必须重新组织各门美术课程与其他学科相互之间的紧密联系,进行对美育的深入探究。这样,学习者才能正确理解整体与局部之间的内在联系,并且这是公共艺术课程与其他通识课程的区别所在。因此,艺术教育不应仅仅被视为"花瓶"中的一部分,而应被放在更重要的位置。

(五)走"中国特色"的艺术教育之路

在艺术教育研究方面,我国的"零点工程项目"和"美术推广"工程项目等,教学实践投资持续时间较长,投入成本较高,但实际成果丰硕,值得高校借鉴。

古代中国产生了"兴于诗,立于礼,成于乐"和"君子"的教育思想,这为我国在艺术教育方面借鉴西方理论提供了重要基础。在借鉴西方美学教育经验与成果时,高校应该坚持马克思主义批判继承的思想,并根据国内的实际情况加以革新。高校应该走有中国特色的道路,建立具有中华

民族特色的艺术教育体系。

第四节　推动和完善我国高校艺术教育管理与发展的对策

一、建立健全艺术教育管理机构

为了确保高校艺术教育的顺利进行,建立一个规范完善的管理机构是必不可少的。这样,高校才能为艺术教育工作提供良好的平台,并提高管理水平,使之成为艺术教育快速健康发展的重要条件。按照教育部的意见,各高校应该成立美育管理中心、美育理事会等组织,由校级负责人兼任负责人,并邀请相关单位参与,成为全校美育的主导组织,参与制定和实施高校美育的政策与措施。文艺教育部门的主要职责是制定长远和短时规划,健全各类规章制度,整合学校资源,协同有关部门促进美育的发展。身为高校的二级单位,文艺教育部门不依赖任何院系或行政部门,在人员编制和经费方面也具有相对独立性,负责管理全校的美育课程和社会活动的实施,进行教学评估和督导,使高校的美育更加规范化和制度化。

二、通过拓展艺术教育的方式,高校致力于培养多元智能人才

在高校艺术教育的教学内容安排上,除了必要的艺术知识、艺术史、艺术文化、美学、审美等理论学习外,艺术实践也是必不可少的组成部分。

首先,高校需要建立一个制度化、专业化、规模化和精品化的学生艺术社团。学生艺术社团的建设和管理是高校艺术教育的组成部分,完善艺术社团的建设和管理对大学生校园生活的丰富、兴趣爱好的培养、人际社交范围的扩大、审美体验和内心世界的丰富有着重要意义。通过艺术团的艺术实践,学生不仅能在理论上提升自己的艺术知识和文化素养,培养良好的审美态度和艺术感觉,还能培养勤奋、坚韧、团结协作、宽容大度

等优秀品质,对个人的性格发展有着深远的影响。同时,能提升学生的集体荣誉感和责任感,这些优秀的品质和能力将为他们日后的社会实践、专业成长和工作中的成功打下扎实的根基。

其次,为了提升高校的文化艺术水平,高校应该开展多种形式的社会活动。这种社会活动应该吸引师生广泛地参与进来,特别是在非专业艺术院校。作为美育的组成部分,高校艺术教育能激发人的能动性,提升大学生的整体竞争力。高校应该创造一个充满活力、尊重个性、鼓励创新的环境,以促进学生的发展和成长。这样的校园文化才能更好地培养大学生的个性发展和创造思维,让他们在学习中获得更多的成就感,并且能更好地达成立德树人、知行一体的教育目标。高校可以采取多种措施,如引入高雅艺术、塑造文化品牌等,不断推动师生道德和文明素养的培养,发挥文化育人的功能,营造有利于人才培养的良好氛围,加强典型引领,发掘和弘扬身边的感动,以榜样的力量激励师生追求卓越,崇尚美德。通过丰富多彩的群众文化活动,高校可以培养学生的艺术素养,让他们在艺术教育中得到更多的发展和成长。这样,高校就能建立一个以人为本的机制,让师生的发展与学校的事业发展和谐统一,激发他们对艺术的热爱,懂得艺术,欣赏艺术,并为创造更好的生活做出努力。

三、构建科学合理的高校艺术教学组织管理体系

(一)科学管理艺术课程的设置

高校应该根据教育部的政策要求,结合学生的需求和实际情况,不断调整艺术课程的设置和教学内容。为了更好地满足学生的需求,高校应提高对艺术课程学分的要求,并建立一个既包括必修课程又包含选修课程的课程体系。

高校还可以建立艺术类教育课程审核机构。机构由各学科专家教授组成,决定艺术类必修课程的审核和设计,以及相关的学分、课时数等,确立艺术类必修课程的教学目标。

(二)建立规范的艺术课程教学秩序

正常的教学秩序是指教学的全过程都能较严格地按照教学计划执行,教师和学生能紧密地联系和协作,教学活动能和谐地向前运动和发展中所表现出来的教学过程的顺序和教学活动的规则。要对高校艺术课程的教学工作进行有效的管理,必须建立一个高度统一协调的指挥系统和良好的教学秩序。为了确保艺术教学活动的有序进行,应该制定一套切实有效的规章。这些规章应该能有效地促进和规范教学活动过程,并且要求在大学生参与艺术教育管理时,既要尊重他们的权利,也要尊重他们的责任。同时,从事高校艺术教育的教师,应该成为高校艺术教育管理的核心力量,为实现高校艺术教育的目标提供支持。为了更好地实现艺术教育的目的,高校应该鼓励学生和教师参与教育管理活动,并积极调动各类因素。此外,高校还应该根据当地情况制定适当的管理方式,严格执行教学计划,鼓励教师运用当地丰富多彩的民间艺术资源来推进并传承我国的优秀传统民族文化。

管理高校艺术课程的过程包括对教学活动开展的各个环节、不同时期和层次的教学活动实行指导和管理。高校可以适时收集和整合各种活动表现出来的信息内容,为教学活动提供有效的指导和支持,从而提高教学质量。

(三)提高艺术教学质量管理

美术教育质量是衡量一所高校艺术教育管理水平的重要指标,是其成功的关键因素。因此,高校应当根据有关政策措施的需要,制定科学合理的美术质量标准,以确保美术教育的有序运行。美术质量的检查是为了确保教育过程符合培养目标,并通过评估和鉴定来实现这一目标。为了实现这一目标,可以采用多种方法,包括全面检查和重点检查、平时检查和阶段检查,以及发挥教师和学生的自我调节能力进行自查。为了提升高校艺术质量,高校应该不断地对比教育质量的现状和标准,以便及时发现问题并采取有效措施,以确保质量达到最佳水平。在完成对学校艺术教学质量的检查和分析后,对影响教学质量的因素进行调控、干预。对有利于艺术教学质量提高的经验进行及时的总结和推广,对于不利于艺术教学质量提高的因素进行限制和排除。

四、完善高校公共艺术教育的管理机制,以促进其发展和提升

(一)政府部门要给高校艺术教育以充分的组织保障和制度保障

政府部门应该加强对美育的科学研究,并重视改进高等学校美育管理制度。为了保障美育的发展,国家教育行政部门应该制定具体、明确的政策和法规,并提出可操作的要求,以便在实践中遵循。为了促进艺术教育的长远发展,国家教育部门应该制定合理的规划,明确各级教育行政机构的职责和权限,并要求高校建立独立的艺术教育机构,在学校中占据重要地位,确保其在人力、物力、财力等方面的管理权,为高校的艺术教育提供有效的组织保障。只有在各级政府部门的共同努力下,高校艺术教育才能更加规范和合理。

(二)制定符合实际情况的高校艺术教育管理评估体系

评价是优化艺术教育管理的关键手段,是科学管理的基础。缺乏评价,管理将变得盲目无助,难以取得实际效果。建立有效的监督机制,可以提高校领导对艺术教学的重视程度。

为了更好地管理高校艺术教育,国家教育部门应该建立一个评价体系,并制定相应的标准和权重系数。这个评价体系应该重点关注人力资本、监督机制、工作和物质资源四个主要方面。在评价人力资本时,首先,应该考虑管理人员的工作效率,包括能否拥有高素质的专门教师。其次,提升高校领导对美育的重视程度也至关重要,因此,建立一套完整的美育制度,并对其相关部门进行定期评估,将有助于促进高校美育的发展。在评价监督机制时,应重点关注管理机构是否能实现其设定的目标,是否建立了完善的组织架构和制度,以及运行机制是否有序运转。艺术教育的

总体管理是评价的重点,应对不同的机构予以全面评价。艺术教育的成效受到高校设备条件的限制,因此,国家教育部门需要对高校的财力和物力开展考评。

为了保证考评的公正性和客观性,教育部门应该组织评估人员开展培训,并对他们做出科学的评定。之后教育部门应该汇总考评结果,并对考评差异加以调节,以便得出有效的反馈。

(三)重新设计激励机制,以提高管理人员的积极性和工作效率

高校艺术教育水平的提高,关键在于是否拥有高水平的管理队伍,而管理者水平的提高又取决于能否发挥管理者的主观能动性。管理者的主观能动性需要被科学的方法激励,而一定的奖励、表彰和批评能激励管理者产生进取心和克服困难的勇气,对落实国家出台的有关高校艺术教育政策有一定的促进作用。

参考文献

[1]戴月舟.新时代高校教育管理与创新研究[M].汕头:汕头大学出版社,2022.

[2]方仪.当代中国艺术院校研究生教育与管理研究[M].天津:天津人民美术出版社,2007.

[3]韩亮.浅谈新媒体时代艺术类高校教育与管理的创新[J].课程教育研究,2017,(34):30—31.

[4]纪光.浅谈艺术类高校大学生党员教育管理的问题与对策[J].大众文摘,2023,(21):108—110.

[5]贾志平.教育管理艺术与创新思维发展[M].北京:线装书局,2023.

[6]蒋尊国,蒋丽凤.高校教育管理探究[M].长春:吉林出版集团股份有限公司,2023.

[7]李权通,丁珂.高校艺术类学生教育管理工作创新策略研究[J].才智,2024,(6):173—176.

[8]李天.大学生艺术教育管理研究[M].长春:吉林出版集团股份有限公司,2023.

[9]刘大力.高等艺术教育教学研究 第3辑[M].济南:山东大学出版社,2010.

[10]刘文婷.艺术教育管理及其现代发展研究[M].长春:吉林出版集团股份有限公司,2022.

[11]刘岩.浅析提升艺术类高校教育管理模式的策略[J].艺术教育,2019,(6):269—270.

[12]龙兴跃.科学发展观与高校教育管理[M].成都:电子科技大学出版社,2008.

[13]马亚平.艺术管理教育探究[M].长春:吉林出版集团有限责任公司,2010.

[14]彭东亚.高校艺术类学生个性特点与教育管理对策探析[J].教育现代化,2019,(41):193—194.

[15]商应丽.建构高校艺术教育管理的生成之维[M].长春:吉林大学出版社,2020.

[16]王先国.大数据模式下艺术类高校教育管理模式创新探究[J].湖北开放职业学院学报,2019,第32卷(19):14—15.

[17]王莹.艺术类高校学生个性特点与教育管理对策[J].艺术家,2021,(10):114—115.

[18]韦兵余,陈迎春,闫俊凤著.学校教育管理与教学艺术[M].长春:吉林科学技术出版社,2022.

[19]徐磊.艺术类高校创新型应用理论人才培养研究[M].济南:山东大学出版社,2018.

[20]徐中.探析高校艺术设计类学生教育管理[J].山西青年,2023,(17):168—170.

[21]杨赫.艺术类高校行政管理中的价值取向研究[J].大众文艺,2023,(22):124—126.

[22]张晴.艺术类高校教育管理流程再造与优化对策[J].精品,2020,(23):80.

[23]周皓翔,尚穗穗.传媒艺术类高校思政教育与学生管理的融合研究[J].中外企业文化,2020,(9):145—146.